HAUSGOTTESDIENSTE
MIT KRANKEN

Blum

L 18

PASTORALLITURGISCHE REIHE
IN VERBINDUNG MIT DER ZEITSCHRIFT
„GOTTESDIENST"

Herausgegeben
von den Liturgischen Instituten
Salzburg, Trier, Zürich

HEINRICH PLOCK
MANFRED PROBST
KLEMENS RICHTER

Hausgottesdienste mit Kranken

EINE HANDREICHUNG FÜR PRIESTER,
DIAKONE UND KOMMUNIONHELFER

BENZIGER   HERDER
EINSIEDELN · ZÜRICH   FREIBURG · WIEN

3. Auflage

Alle Rechte vorbehalten – Printed in Germany
Mit kirchlicher Druckerlaubnis Nr. 305-6-5/77
Münster/Westf., den 21. März 1977
Dr. Spital, Generalvikar
© Verlag Herder Freiburg im Breisgau 1977
Herstellung: Freiburger Graphische Betriebe 1980
Bestellnummer Herder: 3-451-17688-2
Bestellnummer Benziger: 3-545-50508-1

Inhalt

Abkürzungen:

A.:	Alle	FKS	Die Feier der Krankensakrament
K.:	Kommunionhelfer	GL	Gotteslob
Kr.:	Kranker	KE	Kommunionspendung und
P.:	Priester		Eucharistieverehrung
		MB	Meßbuch

Vorwort

Die neugeordnete „Feier der Krankensakramente" durch die Bischofskonferenzen des deutschen Sprachgebietes von 1975 legt nahe, „daß den Kranken und den älteren Menschen häufig, ja, wenn möglich, täglich, besonders in der Osterzeit, Gelegenheit zum Empfang der Eucharistie geboten wird, auch wenn sie nicht schwer erkrankt sind..." Die Neuordnung, deren Hauptinteresse der Krankensalbung gilt, bietet dafür zwei Modelle an – nicht genug, wenn die Wünsche der Bischöfe in Erfüllung gehen sollen.

Dieses Buch möchte Seelsorgern und Laien helfen, die neuen Möglichkeiten wahrzunehmen und zu gestalten. Es enthält Gottesdienste, die teils nach den Hochfesten und Festzeiten, teils nach Themen für die ungeprägten Zeiten des Herrenjahres geordnet sind. Das mag recht reichlich erscheinen. Doch bei der gewünschten intensiveren Betreuung werden die Kranken mehr Abwechslung sicher begrüßen.

Entsprechend den Angaben zu einem „Kleinen Ritus der Krankenkommunion" in „Die Feier der Krankensakramente", S. 47–48, sind einige Formulare sehr kurz gehalten für den Fall, daß mehrere Kranke hintereinander besucht werden. Aber auch die übrigen Kommunionfeiern können wegen ihrer übersichtlichen Gliederung leicht auf die wesentlichen Elemente gekürzt werden. Die Zeichen ○ und □ geben zwei verschiedene Kürzungsmöglichkeiten an: Man wählt entweder nur die mit ○ oder die mit □ gekennzeichneten Texte. Die übrigen Elemente können entfallen.

Eine Beteiligung des Kranken ist vorgesehen, wenn sein Krankheitszustand das ermöglicht. Der Kranke sollte dann ein Exemplar dieses Buches zur Hand haben. Die Antworten, die er übernehmen kann, sind jeweils eingerückt. Sie können aber vom Vorbeter auch in einem Durchgang mitgebetet oder auch ausgelassen werden. Auch das „Gotteslob" bietet wertvolle Hilfen für die Kommunionfeier (z. B. 371–375). Aus den angebotenen Texten läßt sich auch eine Eucharistiefeier im kleinen Kreis am Krankenbett zusammenstellen (S. 139).

Seit die Kommunionspendung durch Laien erlaubt ist, eröffnen sich der Krankenpastoral neue Möglichkeiten. Es liegt jetzt an den Pfarrern und Gemeinden, diese neue Chance zu nutzen und auszugestalten. Es muß in Zukunft möglich sein, Kranken, die eine engere Verbindung mit der Gemeinde und ihrer Eucharistiefeier wünschen, die Kommunion von der sonntäglichen Gemeindemesse aus zu überbringen. Dazu ist die Ausbildung einer größeren Zahl von Kommunionhelfern in jeder Gemeinde nötig. Es ist auch denkbar, daß ein Familienmitglied eines Dauerkranken eigens für diesen Dienst beauftragt wird. Durch die Entsendung der Krankenkommunion aus dem Gemeindegottesdienst werden gleichzeitig alle Gemeindeglieder an ihre Mitsorge und Verantwortung für die Kranken erinnert, die ja auf jeden Fall auch über die religiöse Betreuung hinausgehen muß.

Da Kranke sich mit Änderungen manchmal schwerer tun als im vollen Leben stehende Menschen, bedarf die Mithilfe von Laien einer guten Vorbereitung. Man muß den Kranken deutlich machen, daß die Kommunionspendung durch Laien keinen Wegfall der Besuche des Pfarrers bedeutet.

Es empfiehlt sich,

die Gemeinde zuerst im Pfarrbrief auf die neue Praxis vorzubereiten.

Der Kranke sollte durch einen persönlichen Brief unterrichtet werden.

In jedem Falle soll der Kommunionhelfer, der dann zukünftig seinen oder seine Kranke betreut, beim ersten Mal den Seelsorger begleiten und vorgestellt werden.

Wichtig ist auch, daß der Kranke weiß, wann die Kommunionspendung erfolgen soll, und daß die vereinbarte Zeit dann auch möglichst eingehalten wird.

Die Bearbeiter hoffen, daß dieses Buch eine Hilfe ist, die durch die Reform geschaffenen Möglichkeiten zum Heil unserer Kranken und Gemeinden voll auszuschöpfen.

In der Österlichen Bußzeit 1977

Heinrich Plock, Osnabrück
Manfred Probst, Vallendar
Klemens Richter, Münster

Der Kommunionhelfer im Dienst
an den Kranken der Gemeinde

Seit einiger Zeit mehren sich die Anzeichen dafür, daß die Sorge für die Kranken verstärkt als Auftrag der Kirche erkannt wird. Dementsprechend nehmen die Überlegungen zu, wie ein neues Konzept der Krankenpastoral zu gestalten wäre, und welche bisher bewährten Wege weiterbeschritten werden können. Zu den festgefügten Traditionen gehört es noch weithin, daß die Kranken der Pfarrei im monatlichen Rhythmus, jeweils am Herz-Jesu-Freitag, von ihrem Seelsorger besucht werden, der ihnen die heilige Kommunion in ihrer Wohnung spendet. Von verschiedenen Seiten her muß sich diese Praxis, die sicherlich auch in Zukunft Bedeutung behalten wird, inzwischen Anfragen gefallen lassen, die nicht auf Abschaffung, sondern auf Ergänzung und Erweiterung abzielen.

Helfer gewinnen

Eine erste Überlegung gilt der großen Zahl von Kommunionhelfern, Frauen wie Männern, die in den vergangenen Jahren gewonnen werden konnten. War zunächst das Hauptaugenmerk darauf gerichtet, sie an der Kommunionspendung in der sonntäglichen Eucharistiefeier zu beteiligen und dadurch die Priester zu entlasten, so rückt doch jetzt mehr und mehr ins Blickfeld, daß die Beschreibung ihres Dienstes ausdrücklich auch die Mithilfe bei der Krankenkommunion vorsieht. Zuletzt im Jahr 1973 wurden die Bischöfe durch die Instruktion „Immensae caritatis" ermächtigt, unter bestimmten Umständen den Kommunionhelfern „die Erlaubnis zu erteilen, im Einzelfall oder für eine bestimmte Zeit oder, wenn nötig, auch auf Dauer sich selbst und anderen Gläubigen die Kommunion zu reichen sowie Kranken ins Haus zu bringen". Dabei sollte auch der mögliche Einsatz der wachsenden Zahl von ständigen Diakonen mitbedacht werden, sofern sie in den Diözesen, die in dieser Frage ja eine unterschiedliche Praxis verfolgen, zur Verfügung stehen. Mit anderen Worten: Insgesamt gesehen, existiert also inzwischen ein großes Potential von Helfern; nun kommt es darauf an, sie über ihre Mitwirkung in der Gemeindemesse hinaus verstärkt für die Mithilfe bei der Krankenkommunion zu gewinnen.

Nur im „Notfall"?

In diesem Zusammenhang dürfte ein kurzer Hinweis auf den erwünschten und möglichen Dienst der außerordentlichen Kommunionhelfer angebracht sein, weil sie, wie bisweilen argumentiert wird, nur im „Notfall" eingesetzt werden sollen. Dabei wird dann weiter gefolgert: Da der geforderte „Notfall" in unseren Gemeinden in der Regel nicht gegeben sei, komme auch die Mithilfe von außerordentlichen Kommunionhelfern Rechtens nicht in Betracht. Tatsächlich schärft die Instruktion „Immensae caritatis" den Priestern ein, die genannten Vollmachten würden „nur zum geistlichen Wohl der Gläubigen und für wirkliche Notfälle gewährt", und verbindet damit den Hinweis, „die Priester (sollen) sich bewußt bleiben, daß sie dadurch nicht ihrer Verpflichtung enthoben sind, auch selber den Gläubigen, die berechtigterweise um die heilige Kommunion bitten, diese zu reichen, vor allem den Kranken".

Ohne Zweifel ist ein solcher Hinweis als ernster Appell an die Seelsorger zu verstehen, sich nicht leichtfertig von priesterlichen Aufgaben zu dispensieren, das Vorhandensein von Kommunionhelfern nicht als Vorwand für eigene Bequemlichkeit zu gebrauchen und vor allem die Sorge für die Kranken nicht zu vernachlässigen. Die Warnung an die Adresse der Priester vor einer denkbaren Fehlentwicklung in ihrem Pflichtbewußtsein läßt sich nicht überhören.

Andererseits bietet die Instruktion keine Handhabe, den „Notfall" allzu restriktiv auszulegen, denn die Bedingungen für die Bestellung außerordentlicher Kommunionhelfer sind immer gegeben, „sofern: a) kein Priester, Diakon oder Akolyth zur Verfügung steht; b) diese wegen anderer Seelsorgeverpflichtungen, wegen Krankheit oder wegen vorgerückten Alters verhindert sind; c) die Zahl der Kommunikanten so groß ist, daß die Feier der Messe oder die Austeilung der Eucharistie außerhalb der Messe zu lange dauern würde".

Speziell für die Krankenkommunion wird durchaus damit gerechnet, daß ein Mangel an Kommunionspendern entstehen kann, so z. B., „wenn es weite Entfernungen schwierig machen, die heilige Kommunion Gläubigen zu bringen, besonders als Wegzehrung für Kranke in Todesgefahr, oder wenn die Zahl der Kranken, vor allem in Krankenhäusern u. dgl. mehrere Spender erfordert".

Insgesamt gesehen, darf man feststellen, daß die Instruktion eine kluge und maßvolle Regelung anstrebt, die den tatsächlichen Erfordernissen gerecht zu werden sucht. Daher sollte jegliche Ideologisierung, von welcher Seite auch immer, die dem pastoralen Anliegen nur schaden würde, unbedingt vermieden werden.

Für die in diesem Zusammenhang wichtige Frage nach der Häufigkeit der Krankenkommunion wird man auf die Dauer nicht um die Überlegung herumkommen, ob die regelmäßige Spendung am Herz-Jesu-Freitag, im Abstand von vier Wochen, auch weiterhin die Regel darstellen soll, oder ob eine häufigere Frequenz erwünscht sein kann. Je nachdem, wie diese Frage beantwortet wird, fällt auch die Beurteilung des „Notfalls" aus, mit anderen Worten: Wer für die häufigere Krankenkommunion eintritt und zugleich die alltägliche Belastung der Priester in Rechnung stellt, wird die Beteiligung der Kommunionhelfer als eine pastorale Chance mitbedenken.

Häufigere Krankenkommunion

Bruno Kleinheyer, der Regensburger Ordinarius für Liturgiewissenschaft, hat kürzlich (in „Gottesdienst" 9/1976) darauf aufmerksam gemacht, daß „regelmäßige Krankenkommunion" nicht so selbstverständlich auf einen monatlichen Termin fixiert sein müßte, wie noch weithin angenommen wird, und führt dies auf eine „nachhinkende Bewußtseinsbildung" zurück. Sicherlich wird man seiner Beobachtung zustimmen: „Im Gottesdienst der Gemeinde ist längst (bis auf Ausnahmen) die Praxis der monatlichen Standeskommunion durch die allsonntägliche ‚Pfarrfamilienkommunion‘ – wie man in den Jahren des Übergangs sagte – abgelöst. Bei der Krankenkommunion ist es bei der monatlichen Spendung geblieben. Nicht selten ist auch heute noch der Herz-Jesu-Freitag dafür der Termin; auch das weist in jene Zeit zurück, in der pastorales Ziel war, daß alle Sonntagsmeßbesucher einmal im Monat, wo möglich am ersten Sonntag, die Eucharistie empfingen.“

Damit ist zugleich die Richtung markiert, in der die pastoralen Bemühungen um die Kranken weiterverfolgt werden müßten. Es kann nicht darum gehen, eine gute Gewohnheit abzuschaffen, sondern die Kranken in eine eucharistische Praxis einzubeziehen, wie sie den sich regelmäßig zur Meßfeier versammelnden Gemeindemitgliedern längst zur Selbstverständlichkeit geworden ist.

Es ist die Frage, ob eine Empfehlung, die so uneingeschränkt von der regelmäßigen Krankenkommunion spricht, überhaupt in ihrer ganzen Tragweite erkannt worden ist, wenn es heißt: „Die Seelsorger sollen darum bemüht sein, daß den Kranken und den älteren Menschen häufig, ja, wenn möglich, täglich, besonders in der Osterzeit, Gelegenheit zum Empfang der Eucharistie geboten wird, auch wenn sie nicht schwer erkrankt sind oder gar in Todesgefahr schweben“ („Die Feier der Krankensakramente“, Nr. 46).

Der Sonntag der Kranken

Wenn hier der Sonntag als bevorzugter Tag der Krankenkommunion empfohlen wird, dann kann angesichts der Überlastung der Pfarrgeistlichen nur mit einer Verwirklichung gerechnet werden, falls genügend Helfer zur Verfügung stehen. Daß aber so etwas nicht unmöglich ist, zeigt das Beispiel eines Schwesternkonventes, der sich der Kranken in seiner Nachbarschaft besonders angenommen hat. Aus der sonntäglichen Kommunitätsmesse heraus überbringt jeweils eine Ordensschwester einem dieser Kranken die heilige Kommunion und hat so genügend Zeit, die Feier am Krankenbett in Ruhe zu entfalten und mit Elementen aus der eigenen Meßfeier zu bereichern. Gewiß mag dies ein geglückter Sonderfall sein; aber der Gedanke, daß

sich in den Gemeinden, auf die Dauer gesehen, Helfer finden lassen, die jeweils zwei oder drei Kranken die sonntägliche Eucharistie überbringen, sollte nicht von vornherein ausgeschlossen sein. Für den Sonntag spricht aber nicht nur, daß er Kranken wie Helfern die nötige Muße schenkt. Das wichtigere Argument liegt in der Bedeutung, die das II. Vatikanische Konzil dem Sonntag als dem „Ur-Feiertag" wiedergeschenkt hat. Josef Andreas Jungmann nennt die sonntägliche Eucharistiefeier „die wöchentliche Vollversammlung der Gemeinde", eine Bezeichnung, die sich inhaltlich mit den Worten des Konzils deckt: „An diesem Tag müssen die Christgläubigen zusammenkommen, um das Wort Gottes zu hören, an der Eucharistiefeier teilzunehmen und so des Leidens, der Auferstehung und der Herrlichkeit des Herrn Jesus zu gedenken und Gott dankzusagen, der sie ,wiedergeboren hat zu lebendiger Hoffnung durch die Auferstehung Jesu Christi von den Toten' (1 Petr 1,3)." (Liturgiekonstitution, Art. 106.)
Sonntägliche Krankenkommunion würde so zu einem sprechenden Zeichen einer Vollversammlung der Gläubigen, die über die Kirchenmauern hinaus die Behinderten und Leidenden umgreift.

Ansprüche an den Kommunionhelfer

Abgesehen davon, mit welcher Regelmäßigkeit der Dienst des Kommunionhelfers erwartet wird, immer bleibt er mit hohen Anforderungen an das eigene religiöse Leben verknüpft. Die offiziell vorgeschriebenen Texte (in „Die Feier der Krankensakramente") verstehen sich nur als Grundmuster, zu dessen Ausformung ein großer Raum freier Gestaltung und situationsgemäßer Anpassung besteht. Daher werden besonders das frei formulierte Gebet, die Meditationsanregung und der „Zuspruch aus dem Glauben" (Nr. 43) die ganz persönliche Zuwendung sein, die der Helfer dem Kranken schenken kann. Dankbar werden es die Kranken vermerken, wenn es dem Helfer gelingt, dabei die Brücke zur Gemeinde zu schlagen. Wenn die Schriftlesung verkündet wird, die auch die Gemeinde gehört hat, wenn Gedanken der Predigt genannt oder schriftlich

überreicht werden, wenn am Krankenbett die Fürbitten gesprochen werden, zu denen sich auch die Gemeinde versammelt hat, stellt sich der Kommunionhelfer in den Dienst der
Einheit, die durch den Empfang der Eucharistie wachsen soll
und Kranke wie Gesunde sakramental miteinander verbindet.
Die Beanspruchung des Kommunionhelfers liegt in der Echt-
heit und Tiefe seines eigenen geistlichen Lebens, das sich von
der Not des Mitmenschen angerufen weiß und sich mit ihm gemeinsam um die Antwort des Glaubens müht.

I

Grundordnung der Hauskommunion

1. Die Große Form der Krankenkommunion

Die heilige Kommunion wird dem Kranken gemäß dem Ritus in „Die Feier der Krankensakramente" von einem Priester oder Diakon gereicht. Der Akolyth oder Kommunionhelfer richtet sich nach dem entsprechenden Ritus in „Kommunionspendung und Eucharistieverehrung". Da sich beide Vorlagen in den Texten weitgehend gleichen, wird hier eine Zusammenfassung bereitgestellt, in der Besonderheiten, die den Dienst des Priesters oder Diakons betreffen, kenntlich gemacht sind.

VORBEREITUNG

Die mit dem Kranken zusammenwohnen oder ihn betreuen, sollen gebeten werden, das Krankenzimmer vorher passend herzurichten. Es soll ein mit einem weißen Tuch bedeckter Tisch vorhanden sein, auf den die Burse mit dem Sakrament gelegt werden kann. Je nach örtlichem Brauch werden Kreuz, Kerzen, Blumen, Weihwasser und ein Zweig zum Besprengen bereitgestellt.

Spendet ein Priester oder Diakon die Kommunion, so trägt er eine Kleidung, wie sie diesem Dienst entspricht. Der Kommunionhelfer trägt entweder die ortsübliche liturgische oder eine der Bedeutung seines Dienstes angemessene Kleidung.

Wenn Kranke die Eucharistie nicht unter der Gestalt des Brotes empfangen können, kann sie ihnen unter der Gestalt des Weines gespendet werden. Das Blut des Herrn darf nur in einem dicht verschlossenen Gefäß zum Kranken gebracht werden, um jede Gefahr des Verschüttens auszuschließen. Für die Spendung des Sakramentes soll die Weise gewählt werden, die von den vorgesehenen Möglichkeiten der Kommunionspendung unter beiden Gestalten im gegebenen Fall die geeignetste ist. Bleibt nach der Kommunion etwas vom kostbaren Blut übrig, soll es vom Spender sumiert werden. Dieser hat auch für die nötige Purifizierung zu sorgen.

Zur Begrüßung kann einer der folgenden Texte verwendet werden. Es steht frei, auch andere Worte aus der Heiligen Schrift zu wählen.

K.: Der Friede sei mit diesem Haus
und mit allen, die darin wohnen.

Oder:
K.: Gelobt sei Jesus Christus.
A.: In Ewigkeit. Amen.

Oder:
K.: Grüß Gott, Frau (Herr)...

Priester oder Diakon können den Gruß verwenden:

Der Friede des Herrn sei mit euch (dir).
A.: Und mit deinem Geiste.

Nach dem Niederlegen der Burse mit der Kommunion auf den Tisch und einer Kniebeuge wird zusammen mit allen Anwesenden eine stille Anbetung gehalten. Daran sollte sich eine persönliche Begrüßung anschließen. Das Erkundigen nach dem Befinden, Grüße des Pfarrers usw. stehen besser erst im Anschluß an die Kommunionfeier.

Wo es angebracht ist, werden der Kranke und das Zimmer mit Weihwasser besprengt. Dabei können etwa folgende Worte gesprochen werden:

Dieses geweihte Wasser erinnere uns an den Empfang der Taufe und an Christus, der uns durch sein Leiden und seine Auferstehung erlöst hat. FKS S. 43

ALLGEMEINES SCHULDBEKENNTNIS

Wenn erforderlich, nimmt der Priester an dieser Stelle die sakramentale Beichte des Kranken entgegen.

Zum allgemeinen Schuldbekenntnis wird mit etwa folgenden Worten eingeladen:

Form A
K.: Brüder und Schwestern, damit wir diese heilige Feier recht begehen, prüfen wir uns selbst und bekennen unsere Schuld.

Es folgt eine kurze Stille, danach sprechen alle gemeinsam das Schuldbekenntnis:

A.: Ich bekenne Gott, dem Allmächtigen,
und allen Brüdern und Schwestern,
daß ich Gutes unterlassen und Böses getan habe
– ich habe gesündigt
in Gedanken, Worten und Werken –

alle schlagen an die Brust

durch meine Schuld, durch meine Schuld,
durch meine große Schuld.
Darum bitte ich die selige Jungfrau Maria,
alle Engel und Heiligen
und euch, Brüder und Schwestern,
für mich zu beten bei Gott, unserem Herrn.

Es folgt die Vergebungsbitte:

K.: Der allmächtige Gott erbarme sich unser.
Er lasse uns die Sünden nach
und führe uns zum ewigen Leben.

A.: Amen.   KE S. 36

Oder:

Form B
K.: Damit wir diese heilige Feier recht begehen,
wollen wir bekennen, daß wir gesündigt haben.

Es folgt eine kurze Stille; danach spricht der Kommunionhelfer:

K.: Erbarme dich, Herr, unser Gott,
erbarme dich.

A.: Denn wir haben vor dir gesündigt.

K.: Erweise, Herr, uns deine Huld.

A.: Und schenke uns dein Heil.

Der Kommunionhelfer beschließt das Schuldbekenntnis mit der Vergebungsbitte:

K.: Der allmächtige Gott erbarme sich unser.
Er lasse uns die Sünden nach
und führe uns zum ewigen Leben.

A.: Amen.   KE S. 121

Oder:

Form C

K.: Damit wir diese heilige Feier recht begehen,
wollen wir uns besinnen und bekennen,
daß wir sündige Menschen sind.

Es folgt eine kurze Stille. Danach spricht der Kommunionhelfer oder einer
der Umstehenden die nachstehenden oder andere Anrufungen, die mit „Herr,
erbarme dich" oder mit „Kyrie, eleison" beantwortet werden:

K.: Herr Jesus Christus,
du hast uns durch die österlichen Geheimnisse das Heil erworben:
Herr, erbarme dich (Kýrie, eléison).

A.: Herr, erbarme dich (Kýrie, eléison).

K.: Du erneuerst immer wieder dein wunderbares Leiden unter uns:
Christus, erbarme dich (Christe, eléison).

A.: Christus, erbarme dich (Christe, eléison).

K.: Durch den Empfang deines Leibes machst du uns teilhaft
deines österlichen Opfers:
Herr, erbarme dich (Kýrie, eléison).

A.: Herr, erbarme dich (Kýrie, eléison).

Es folgt die Vergebungsbitte:

K.: Der allmächtige Gott erbarme sich unser.
Er lasse uns die Sünden nach
und führe uns zum ewigen Leben.

A.: Amen.   KE S. 122

LESUNG UND ANTWORT

Die Lesung konfrontiert den Kranken mit dem Wort Gottes und verbindet
ihn mit dem Lauf des Herrenjahres. Die angebotenen Texte können durch die
Lesungen des entsprechenden Sonntags, durch die Auswahllesungen in „Die
Feier der Krankensakramente", S. 107–160, und diejenigen in „Kommunionspendung und Eucharistieverehrung", S. 65–120, leicht ersetzt werden.
Je nach den Verhältnissen kann einer der Anwesenden oder der Kommunion-
spender selbst die Lesung oder ein Wort aus der Heiligen Schrift vortragen,
z.B.:

Jesus spricht:

Joh 6, 54–55

Wer mein Fleisch ißt und mein Blut trinkt, hat das ewige Leben, und ich werde ihn auferwecken am Letzten Tag. Denn mein Fleisch ist eine wahre Speise, und mein Blut ist ein wahrer Trank.

Joh 6, 54–58

Wer mein Fleisch ißt und mein Blut trinkt, hat das ewige Leben, und ich werde ihn auferwecken am Letzten Tag. Denn mein Fleisch ist eine wahre Speise, und mein Blut ist ein wahrer Trank. Wer mein Fleisch ißt und mein Blut trinkt, der bleibt in mir, und ich bleibe in ihm. Wie mich der lebendige Vater gesandt hat und wie ich durch den Vater lebe, so wird auch jeder, der mich ißt, durch mich leben. Das ist das Brot, das vom Himmel herabgekommen ist; es ist anders als das Brot, das eure Väter gegessen haben, die dennoch gestorben sind. Wer dieses Brot ißt, wird leben in Ewigkeit.

Joh 14, 6

Ich bin der Weg, die Wahrheit und das Leben; niemand kommt zum Vater außer durch mich.

Joh 14, 23

Wer mich liebt, wird mein Wort festhalten; mein Vater wird ihn lieben, und wir werden zu ihm kommen und bei ihm wohnen.

Joh 15, 4

Bleibt in mir, dann bleibe ich in euch. Wie der Rebzweig aus sich keine Frucht bringen kann, sondern nur, wenn er am Weinstock bleibt, so könnt auch ihr keine Frucht bringen, wenn ihr nicht in mir bleibt.

Wort des Apostels Paulus:

1 Kor 11, 26

Sooft ihr von diesem Brot eßt und aus dem Kelch trinkt, verkündet ihr den Tod des Herrn, bis er kommt.

Diesen Texten kann, wo es angebracht ist, eine kurze Auslegung folgen.

FÜRBITTEN

Die Fürbitten sollen den Kranken über seinen eigenen Bereich hinausführen zu den Nöten der Kirche und der Welt. Der Kranke kann auch selbst Fürbitten formulieren, zumindest aber die passende Antwort sprechen.

KOMMUNION

Der Kommunionteil soll immer mit dem Vaterunser beginnen. Das Gebet des Herrn wird mit folgenden oder ähnlichen Worten eingeleitet:

Laßt uns alle zusammen zu Gott dem Vater beten, wie unser Herr Jesus Christus uns zu beten gelehrt hat:

Alle sprechen gemeinsam:

Vater unser im Himmel,
Geheiligt werde dein Name.
Dein Reich komme.
Dein Wille geschehe,
wie im Himmel so auf Erden.
Unser tägliches Brot gib uns heute.
Und vergib uns unsere Schuld,
wie auch wir vergeben unsern Schuldigern.
Und führe uns nicht in Versuchung,
sondern erlöse uns von dem Bösen.
(Denn dein ist das Reich und die Kraft
und die Herrlichkeit in Ewigkeit. Amen.)

Danach zeigt der Spender das heilige Sakrament und spricht:

Seht das Lamm Gottes,
das hinwegnimmt die Sünde der Welt.

Der Kranke und alle anderen, die die Kommunion empfangen wollen, sprechen:

Herr, ich bin nicht würdig,
daß du eingehst unter mein Dach,
aber sprich nur ein Wort,
so wird meine Seele gesund.

Der Spender spricht folgenden oder einen anderen passenden Satz:

Selig, die zum Hochzeitsmahl des Lammes geladen sind.

Der Kommunionhelfer tritt zum Kranken hin, zeigt ihm das Sakrament und spricht:

Der Leib Christi (*oder:* Das Blut Christi).

Der Kranke antwortet:

Amen.

Er empfängt die heilige Kommunion.

Die Anwesenden, die kommunizieren wollen, empfangen das Sakrament in der gewohnten Weise. KE S. 37f

DANKSAGUNG

Während die Krankenpatene purifiziert wird und Korporale und Burse zusammengelegt werden, hat der Kranke Zeit zu stiller Danksagung. Die dafür angegebenen Texte, die vom Spender im Anschluß an die Kommunion gesprochen werden können, unterscheiden sich häufig vom liturgischen Beten durch ihre persönliche Prägung. Der Kranke soll sie innerlich mitvollziehen können.

ABSCHLUSS

Danach folgt ein Schlußgebet, z. B.:

Laßt uns beten:
Herr, heiliger Vater,
allmächtiger, ewiger Gott,
wir bitten dich in gläubigem Vertrauen
für unseren Bruder (unsere Schwester) N.:
Der heilige Leib (das kostbare Blut)
deines Sohnes sei ihm (ihr)
eine heilbringende Arznei
für Leib und Seele.
Durch Christus, unseren Herrn.
A.: Amen.

Oder:

Gott, unser Heil,
du hast das Werk der Erlösung
im österlichen Geheimnis vollendet.
Darum verkünden wir in der heiligen Eucharistie
den Tod und die Auferstehung
deines Sohnes.

Schenke uns in dieser Feier
immer reicheren Anteil an der Erlösung
und laß uns von Tag zu Tag neu erfahren,
daß wir gerettet sind.
Darum bitten wir durch Christus, unseren Herrn.

Barmherziger Gott,
du hast uns alle
mit dem einen Brot des Himmels gestärkt.
Erfülle uns mit dem Geist deiner Liebe,
damit wir ein Herz und eine Seele werden.
Darum bitten wir durch Christus, unseren Herrn.

Herr, unser Gott,
die Teilnahme am eucharistischen Mahl
heilige uns,
damit durch den Leib und das Blut Christi
die brüderliche Verbundenheit
in deiner Kirche gefestigt wird.
Darum bitten wir durch Christus, unseren Herrn.

Allmächtiger Gott,
du hast uns gestärkt durch das lebendige Brot,
das vom Himmel kommt.
Deine Liebe,
die wir im Sakrament empfangen haben,
mache uns bereit,
dir in unseren Brüdern zu dienen.
Darum bitten wir durch Christus, unseren Herrn.

Wir danken dir, gütiger Gott,
für die heilige Gabe,
in der wir Kraft von oben empfangen.
Erhalte in uns deinen Geist
und laß uns dir stets aufrichtig dienen.
Darum bitten wir durch Christus, unseren Herrn.

Allmächtiger Gott,
wir haben von dem einen Brot gegessen.

Erhalte uns in der Liebe zu dir
und zu allen Menschen
und laß uns im neuen Leben wandeln,
das du uns geschenkt hast.
Darum bitten wir durch Christus, unseren Herrn.

Herr, unser Gott,
im heiligen Mahl
hast du uns mit deinem Geist erfüllt.
Lehre uns durch die Teilnahme an diesem Geheimnis,
die Welt im Licht deiner Weisheit zu sehen
und das Unvergängliche mehr zu lieben
als das Vergängliche.
Darum bitten wir durch Christus, unseren Herrn.

Herr,
du hast uns im Sakrament
an der Herrlichkeit deines Sohnes Anteil gegeben.
Wir danken dir,
daß du uns schon auf Erden teilnehmen läßt
an dem, was droben ist.
Durch Christus, unseren Herrn.

Allmächtiger Gott,
durch deine Sakramente
schenkst du uns die Kraft zu einem neuen Leben.
Gib, daß wir in der Welt
den Geist Christi verbreiten
und seine Liebe bezeugen.
Darum bitten wir durch ihn, Christus, unseren Herrn.

Barmherziger Gott,
du hast uns teilhaben lassen
an dem einen Brot und dem einen Kelch.
Laß uns eins werden in Christus
und Diener der Freude sein für die Welt.
Darum bitten wir durch ihn, Christus, unseren Herrn.

Barmherziger Gott,
du hast uns alle
mit dem einen Brot des Himmels gestärkt.
Erfülle uns mit dem Geist deiner Liebe,
damit wir ein Herz und eine Seele werden.
Darum bitten wir durch Christus, unseren Herrn.

Allmächtiger Gott,
das Sakrament, das wir empfangen haben,
tilge unsere alte Schuld
und mache uns zu einer neuen Schöpfung.
Darum bitten wir durch Christus, unseren Herrn.

Allmächtiger Gott,
du hast uns durch die Auferstehung Christi
neu geschaffen für das ewige Leben.
Erfülle uns
mit der Kraft dieser heilbringenden Speise,
damit das österliche Geheimnis
in uns reiche Frucht bringt.
Darum bitten wir durch Christus, unseren Herrn.

Herr, du bist das ewige Heil aller,
die an dich glauben,
wir bitten dich für deinen Diener (deine Dienerin) N.,
den (die) du gestärkt hast
mit dem Brot des Lebens und dem Kelch des Heils:
Bleibe bei ihm (ihr).
Gib ihm (ihr) die sichere Zuversicht,
einmal in dein Reich zu gelangen,
wo alles Licht und Leben ist.
Darum bitten wir durch Christus, unseren Herrn.

KE S. 135–138

ENTLASSUNG

Der Kommunionhelfer ruft den Segen Gottes herab. Er bezeichnet sich mit dem Kreuzeichen und spricht:

Der Herr segne uns,
er bewahre uns vor allem Bösen
und führe uns zum ewigen Leben.

Oder:

Es segne und behüte uns
der allmächtige und barmherzige Herr,
der Vater und der Sohn und der Heilige Geist.
A.: Amen.   KE S. 38f.

Der Priester oder Diakon segnet den Kranken und alle Anwesenden: Entweder macht er über sie das Zeichen des Kreuzes mit der Krankenpatene, wenn Hostien darin übriggeblieben sind, oder er benützt eine der folgenden Segensformeln:

Es segne dich Gott, der Vater.
A.: Amen.

Es heile dich Gott, der Sohn.
A.: Amen.

Es erleuchte dich Gott, der Heilige Geist.
A.: Amen.

Er behüte deinen Leib und rette deine Seele.
A.: Amen.

Er erfülle dein Herz mit seinem Licht und führe dich zum himmlischen Leben.
A.: Amen.

Es segne dich (und euch alle, die ihr hier anwesend seid)
der allmächtige Gott,
der Vater und der Sohn + und der Heilige Geist.
A.: Amen.   FKS S. 59f

Oder:

Jesus Christus, der Herr, sei bei dir,
dich zu beschützen.
(*A.:* Amen.)

Er gehe vor dir her, dich sicher zu geleiten;
er stehe hinter dir, dich zu schirmen.
(*A.:* Amen.)

Er schaue dich gnädig an, bewahre dich und segne dich.
(*A.:* Amen.)

Es segne dich (und euch alle, die ihr hier anwesend seid)
der allmächtige Gott,
der Vater und der Sohn + und der Heilige Geist.
A.: Amen.

Oder:

Der Segen des allmächtigen Gottes,
des Vaters und des Sohnes + und des Heiligen Geistes,
komme auf euch herab und bleibe allezeit bei euch.
A.: Amen.   FKS S. 163f

2. Die Kleine Form der Krankenkommunion

Die Kurzform für Krankenhäuser und außergewöhnliche Fälle folgt dem „Kleinen Ritus der Krankenkommunion" in „Die Feier der Krankensakramente", S. 47–48, und in „Kommunionspendung und Eucharistieverehrung", S. 39–40. Alle in diesem Buch aufgeführten Kommunionfeiern können leicht auf diese Kleine Form gekürzt und so der jeweiligen Situation des Kranken angepaßt werden. Die verschiedenen Zeichen geben zwei unterschiedliche Kürzungsmöglichkeiten an: Man wählt entweder nur die mit ○ oder die mit □ gekennzeichneten Texte. Dann entfallen die übrigen Elemente.

Diese Form der Krankenkommunion findet Anwendung, wenn eine Feier nach dem gewöhnlichen Ritus nicht möglich ist, beispielsweise wenn die heilige Kommunion mehreren Kranken in verschiedenen Räumen des gleichen Hauses – etwa eines Krankenhauses – gereicht wird oder wenn das Befinden des Kranken einen längeren Ritus nicht zuläßt. Es können Elemente aus dem großen Ritus eingefügt werden.

Der Ritus kann in der Kirche oder Kapelle oder auch im Krankenzimmer selbst (bei mehreren Krankenzimmern im ersten Raum) begonnen werden. Der Kommunionhelfer spricht die folgende Antiphon:

K.: O heiliges Gastmahl, in dem Christus empfangen,
das Andenken seines Leidens erneuert,
das Herz mit Gnaden erfüllt
und uns das Unterpfand der künftigen Herrlichkeit
gegeben wird.

Danach begibt sich der Kommunionhelfer – gegebenenfalls in Begleitung eines Kerzenträgers – zu den Kranken. Er wendet sich allen im Raum Anwesenden oder, wenn die Kranken in verschiedenen Räumen liegen, jedem einzelnen zu und spricht:

K.: Seht das Lamm Gottes,
das hinwegnimmt die Sünde der Welt.

Die Kommunizierenden antworten:

A.: Herr, ich bin nicht würdig,
daß du eingehst unter mein Dach,
aber sprich nur ein Wort,
so wird meine Seele gesund.

K.: Selig, die zum Hochzeitsmahl des Lammes geladen sind.

Die Kranken empfangen die Kommunion in der gewohnten Weise.

Das Schlußgebet kann in der Kirche bzw. Kapelle oder im (letzten) Krankenzimmer gesprochen werden; vgl. S. 23–26.

KE S. 37f

3. Die Spendung der Wegzehrung

Kranken, die sich in unmittelbarer Todesgefahr befinden, wird die heilige Kommunion als sakramentale Wegzehrung von einem Priester oder Diakon gemäß dem Ritus in „Die Feier der Krankensakramente", S. 69–77, gereicht. Der Akolyth oder Kommunionhelfer richtet sich nach dem entsprechenden Ritus in „Kommunionspendung und Eucharistieverehrung", S. 40–47. Da sich beide Vorlagen in den Texten weitgehend gleichen, wird hier eine Zusammenfassung bereitgestellt, in der Besonderheiten, die den Dienst des Priesters oder Diakons betreffen, kenntlich gemacht sind.

VORBEREITUNG

Wie zur Krankenkommunion, s. S. 17.

ERÖFFNUNG

Der Kommunionhelfer begrüßt den Kranken und alle Anwesenden mit etwa folgenden Worten:

K.: Der Friede sei mit diesem Haus
und mit allen, die darin wohnen.

Weitere Texte zur Begrüßung und zur Besprengung mit Weihwasser s. S. 18.

Danach wendet er sich an die Anwesenden mit folgenden oder ähnlichen, der Situation des Kranken entsprechenden Worten:

K.: Liebe Brüder und Schwestern, bevor unser Herr Jesus Christus aus dieser Welt zum Vater ging, hat er uns das Sakrament seines Leibes und Blutes hinterlassen. In der Stunde unseres Hinübergehens aus dieser Welt zum Vater sollen wir nach seinem Willen mit seinem Leib und Blut als Wegzehrung gestärkt und mit dem Unterpfand der Auferstehung versehen werden. Laßt uns nun beten für unseren Bruder (unsere Schwester), dem (der) wir in Liebe verbunden sind.

Alle beten eine Zeitlang in der Stille.   FKS S. 69f

ALLGEMEINES SCHULDBEKENNTNIS

Wenn erforderlich, nimmt der Priester nun die sakramentale Beichte des Kranken entgegen, notfalls in allgemeingehaltener Form.

Zum allgemeinen Schuldbekenntnis wird mit etwa folgenden Worten eingeladen:

K.: Brüder und Schwestern, damit wir diese Feier recht begehen, prüfen wir uns selbst und bekennen unsere Schuld.

Es folgt eine kurze Stille, danach sprechen alle gemeinsam das Schuldbekenntnis:

A.: Ich bekenne Gott, dem Allmächtigen,
und allen Brüdern und Schwestern,
daß ich Gutes unterlassen und Böses getan habe
– ich habe gesündigt
in Gedanken, Worten und Werken –

alle schlagen an die Brust

durch meine Schuld, durch meine Schuld,
durch meine große Schuld.
Darum bitte ich die selige Jungfrau Maria,
alle Engel und Heiligen
und euch, Brüder und Schwestern,
für mich zu beten bei Gott, unserem Herrn.

Es folgt die Vergebungsbitte:

K.: Der allmächtige Gott erbarme sich unser.
Er lasse uns die Sünden nach
und führe uns zum ewigen Leben.

A.: Amen.

Weitere Texte zur Auswahl s. S. 19 f.

Der Priester kann die Spendung des Bußsakramentes oder das allgemeine Schuldbekenntnis mit dem vollkommenen Ablaß in der Sterbestunde abschließen:

P.: Auf Grund der mir vom Apostolischen Stuhl verliehenen Vollmacht
gewähre ich dir vollkommenen Ablaß
und Vergebung aller Sünden
im Namen
des Vaters und des Sohnes + und des Heiligen Geistes.

A.: Amen.   FKS S. 71

Oder:

P.: Durch die heiligen Geheimnisse unserer Erlösung
erlasse dir der allmächtige Gott
alle Strafen
des gegenwärtigen und zukünftigen Lebens,
er öffne dir die Pforten des Paradieses
und führe dich zu der immerwährenden Freude.
A.: Amen.   FKS S. 72

KURZE SCHRIFTLESUNG

Es ist sehr sinnvoll, an dieser Stelle eine kurze Lesung aus der Heiligen Schrift
einzufügen; einer der Anwesenden oder der Kommunionhelfer selber trägt sie
vor. Zum Beispiel:

Jesus spricht:
Joh 14, 27
Frieden hinterlasse ich euch, meinen Frieden gebe ich euch;
nicht wie die Welt ihn gibt, gebe ich ihn euch. Euer Herz ängstige sich nicht und verzage nicht.

Joh 15, 5
Ich bin der Weinstock, ihr seid die Rebzweige. Wer in mir bleibt
und in wem ich bleibe, der bringt reiche Frucht; denn getrennt
von mir könnt ihr nichts tun.

1 Joh 4, 16
Wort des Apostels Johannes: Wir haben die Liebe erkannt und
an die Liebe geglaubt, die Gott zu uns hat. Gott ist Liebe, und
wer in der Liebe bleibt, bleibt in Gott, und Gott bleibt in ihm.

Weitere Texte s. S. 21.

Es kann aber auch ein anderer geeigneter Text aus der „Feier der Krankensakramente" (Nr. 247 ff. bzw. 153 ff.) ausgewählt werden.

BEKENNTNIS DES TAUFGLAUBENS

Vor dem Empfang der Wegzehrung sollte der Kranke das Glaubensbekenntnis
seiner Taufe erneuern. Der Kommunionhelfer weist ihn mit entsprechenden
Worten darauf hin und fragt ihn:

K.: Glaubst du an Gott, den Vater, den Allmächtigen, den Schöpfer des Himmels und der Erde?

Kr.: Ich glaube.

K.: Glaubst du an Jesus Christus, seinen eingeborenen Sohn, unseren Herrn, der geboren ist von der Jungfrau Maria, der gelitten hat und begraben wurde, von den Toten auferstand und zur Rechten des Vaters sitzt?

Kr.: Ich glaube.

K.: Glaubst du an den Heiligen Geist, die heilige katholische Kirche, die Gemeinschaft der Heiligen, die Vergebung der Sünden, die Auferstehung der Toten und das ewige Leben?

Kr.: Ich glaube.   FKS S. 73f

GEBET FÜR DEN KRANKEN

Wenn das Befinden des Kranken es zuläßt, spricht der Kommunionhelfer nun kurze Fürbitten. Alle Anwesenden und der Kranke selbst, soweit es ihm möglich ist, antworten.

K.: Liebe Brüder und Schwestern, laßt uns gemeinsam wie aus einem Herzen den Herrn Jesus Christus anrufen:

Herr, du hast uns geliebt bis ans Ende und bist in den Tod gegangen, um uns das Leben zu geben. Wir bitten dich für unseren Bruder (unsere Schwester).
Herr, erhöre uns.

A.: Christus, erhöre uns. Herr, erhöre uns.

K.: Herr, du hast gesagt: Wer mein Fleisch ißt und mein Blut trinkt, hat das ewige Leben. Wir bitten dich für unseren Bruder (unsere Schwester).
Herr, erhöre uns.

A.: Christus, erhöre uns. Herr, erhöre uns.

K.: Herr, du lädst uns ein zu jenem Gastmahl, bei dem kein Schmerz und keine Trauer mehr sein wird, keine Traurigkeit und keine Trennung. Wir bitten dich für unseren Bruder (unsere Schwester).
Herr, erhöre uns.

A.: Christus, erhöre uns. Herr, erhöre uns.   KE S. 44f

SPENDUNG DER WEGZEHRUNG

Dann leitet der Kommunionhelfer mit etwa folgenden Worten das Gebet des Herrn ein:

K.: Laßt uns alle zusammen zu Gott dem Vater beten, wie unser Herr Jesus Christus uns zu beten gelehrt hat:

Alle sprechen gemeinsam:

A.: Vater unser im Himmel,
Geheiligt werde dein Name.
Dein Reich komme.
Dein Wille geschehe,
wie im Himmel so auf Erden.
Unser tägliches Brot gib uns heute.
Und vergib uns unsere Schuld,
wie auch wir vergeben unsern Schuldigern.
Und führe uns nicht in Versuchung,
sondern erlöse uns von dem Bösen.
(Denn dein ist das Reich und die Kraft
und die Herrlichkeit in Ewigkeit. Amen.)

Dann zeigt der Kommunionhelfer das heilige Sakrament und spricht:

K.: Seht das Lamm Gottes,
das hinwegnimmt die Sünde der Welt.

Wenn möglich, spricht der Kranke mit allen anderen, die die Kommunion empfangen:

A.: Herr, ich bin nicht würdig,
daß du eingehst unter mein Dach,
aber sprich nur ein Wort,
so wird meine Seele gesund.

K.: Selig, die zum Hochzeitsmahl des Lammes geladen sind.

Der Kommunionhelfer tritt zum Kranken hin, zeigt ihm das Sakrament und spricht:

K.: Der Leib Christi (*oder:* Das Blut Christi).

Der Kranke antwortet:
Amen.

Der Kommunionhelfer fügt unmittelbar oder nachdem er die Kommunion gereicht hat, an:

K.: Christus beschütze dich
und führe dich zum ewigen Leben.

Der Kranke antwortet:

Amen.

Die Anwesenden, die zu kommunizieren wünschen, empfangen das Sakrament in der üblichen Weise.

Nach der Kommunion purifiziert der Kommunionhelfer in gewohnter Weise. Wenn möglich, verweilen alle Teilnehmer eine Zeitlang in stillem Gebet.

KE S. 45f

ABSCHLUSS

Es folgt das Schlußgebet:

K.: Lasset uns beten.
Gott, dein Sohn ist für uns
der Weg, die Wahrheit und das Leben.
Schaue gnädig her auf deine(n) Diener(in) N.
Er (sie) hat sich deinen Verheißungen anvertraut
und ist gestärkt
durch den Leib und das Blut deines Sohnes.
Laß seine (ihre) Hoffnung nicht zuschanden werden.
Gib ihm (ihr) die sichere Zuversicht,
einmal in dein Reich zu gelangen,
wo alles Licht und Leben ist.
Durch Christus, unseren Herrn.

A.: Amen. KE S. 46f

Oder:

K.: Herr, du bist das ewige Heil aller,
die an dich glauben,
wir bitten dich für deinen Diener (deine Dienerin) N.,
den (die) du gestärkt hast
mit dem Brot des Lebens und dem Kelch des Heils:
Bleibe bei ihm (ihr).

Gib ihm (ihr) die sichere Zuversicht,
einmal in dein Reich zu gelangen,
wo alles Licht und Leben ist.
Durch Christus, unseren Herrn.

A.: Amen. FKS S. 175

Oder: S. 23–26.

Danach spricht der Kommunionhelfer:

K.: Der Herr sei immer bei dir,
er stärke dich mit seiner Kraft
und behüte dich in seinem Frieden. KE S. 47

Danach können der Kommunionhelfer und die Anwesenden dem Kranken ein
Zeichen der brüderlichen Liebe und des Friedens geben.

Der Priester oder Diakon segnet den Kranken und alle Anwesenden:

Es segne euch der allmächtige Gott,
der Vater und der Sohn + und der Heilige Geist.

A.: Amen. FKS S. 77

Entweder macht er über sie das Zeichen des Kreuzes mit der Krankenpatene,
wenn Hostien darin übriggeblieben sind, oder er benützt eine der Segensformeln auf S. 27 f.

II

Kommunionfeiern
zur Auswahl

1. Kurze allgemeine Kommunionfeiern

1 Leben

ERÖFFNUNG

Herr Jesus Christus, du hast gesagt: Ich bin der Weg, die Wahrheit und das Leben. Niemand kommt zum Vater außer durch mich. Schenk uns deine Gegenwart und dein göttliches Leben. Bleibe bei uns, damit wir deine Hilfe erfahren und durch dich Gott, unsern Vater, preisen. Dir sei die Ehre in Ewigkeit.

Amen.

SCHULDBEKENNTNIS

Herr, du erforschest und kennst mich.
Ob ich sitze oder stehe, du weißt von mir.

Meine Gedanken durchschaust du von ferne.
Ob ich gehe oder ruhe, du mißt es ab,

du bist vertraut mit all meinen Wegen.
Der allmächtige Gott erbarme sich unser.

Er lasse uns die Sünden nach
und führe uns zum ewigen Leben.

KOMMUNION

Seht das Lamm Gottes,
das hinwegnimmt die Sünde der Welt.

Herr, ich bin nicht würdig...
So spricht der Herr: Ich bin das Brot des Lebens.
Wer zu mir kommt, wird nicht hungern,
und wer an mich glaubt, wird nicht mchr dürsten.

Herr Jesus Christus, dein heiliges Mahl wirke in uns das Leben,
das es verborgen enthält. Was wir heute nur im Zeichen sehen,
laß uns einst in unverhüllter Wahrheit besitzen. Dich preisen
wir mit dem Vater im Heiligen Geist jetzt und in Ewigkeit.

Amen.

SEGENSBITTE

Der Herr segne uns.
Er bewahre uns vor dem Bösen
und schenke uns ewiges Leben.

Amen.

2 Geduld

ERÖFFNUNG

Die Gnade Christi, die Liebe des Vaters und die Gemeinschaft
des Heiligen Geistes sei mit uns allen.

Amen.

Laßt uns beten:

Gott und Vater,
dein Sohn hat sich am Kreuz
für das Heil der Welt hingegeben.
Wir bitten voll Vertrauen:
Laß uns erkennen,
daß Not und Leid heilbringende Teilnahme
am Leiden Christi werden können,
wenn wir gehorsam werden wie er,
der nun mit dir und dem Heiligen Geist lebt in Ewigkeit.

Amen.

SCHULDBEKENNTNIS

Bevor Sie den Leib des Herrn empfangen,
wollen wir auf Christus schauen und sein Wort hören:

Wer mein Jünger sein will, nehme täglich sein Kreuz auf sich und folge mir.

   Stille

Wir bekennen, daß der Wille Gottes und die Geduld mit den Menschen uns oft schwerfallen.

   Stille

Gott, dein Sohn ist uns gleichgeworden bis in den Tod.
Er hat alle menschliche Not mit uns geteilt.
Schenke uns durch die Gemeinschaft mit ihm Vergebung und neue Kraft.

   Amen.

KOMMUNION

Seht das Lamm Gottes,
das hinwegnimmt die Sünde der Welt.

   Herr, ich bin nicht würdig...

Jesus spricht:
Wie mich der lebendige Vater gesandt hat
und ich durch den Vater lebe,
so wird auch der, der dieses Brot ißt,
durch mich leben.

DANKSAGUNG

Allmächtiger Vater,
in diesem Sakrament hat uns Christus
mit seiner Güte und Liebe angenommen.
Wir danken dir für seine Liebe,
denn er hat uns Mut und Kraft gegeben.
Wir danken dir für sein Vertrauen,
denn er will bei uns bleiben.
Laß uns nicht mutlos werden,
wenn Schmerz und Not uns überfallen.
Laß uns in der Gemeinschaft mit ihm
alle Prüfungen bestehen.
So bitten wir durch ihn, Christus, unseren Herrn.

   Amen.

Es stärke und beschütze uns
der Vater und der Sohn und der Heilige Geist.

Amen.

3 Vertrauen

ERÖFFNUNG

Die Gnade und der Friede von Gott, unserm Vater,
und dem Herrn Jesus Christus sei mit uns.

SCHULDBEKENNTNIS

Herr, deinen Gesetzen will ich immer folgen,
laß mich doch niemals im Stich.

Der Herr ist mein Hirte,
nichts wird mir fehlen.

Ich suche dich von ganzem Herzen,
laß mich nicht abirren von deinen Geboten.

Der Herr ist mein Hirte,
nichts wird mir fehlen.

Ich halte an deinen Vorschriften fest,
Herr, laß mich doch niemals scheitern.

Der Herr ist mein Hirte,
nichts wird mir fehlen.

Der gütige Gott verzeihe uns,
er erneuere und stärke uns
und lasse uns wachsen im Guten.
Der Herr erbarme sich,
er gebe uns seinen Frieden und sein Leben.

Amen.

KOMMUNION

Seht das Lamm Gottes,
das hinwegnimmt die Sünde der Welt.

Herr, ich bin nicht würdig...

Das Brot, das wir miteinander teilen, gibt uns Gemeinschaft
mit Jesus Christus und verbindet uns miteinander.

DANKSAGUNG

Vater, es fällt uns nicht schwer zu danken,
solange es uns gut geht.
Hilf uns, dich auch im Leid zu lieben
und so den Weg deines Sohnes zu gehen:
durch das Dunkel zum Licht
und zum Leben bei dir.
So bitten wir durch ihn, Christus, unseren Herrn.
    Amen.

SEGENSBITTE

Gott, der Herr, führe uns.
Gott, der Herr, begleite uns.
Gott, der Herr, beschütze uns.
Es segne uns der Vater und der Sohn und der Heilige Geist.
    Amen.

4 Glaube

ERÖFFNUNG

Gott, du bist unser Helfer und unsere Zuflucht.
Auf dich vertrauen wir.

SCHULDBEKENNTNIS

Gott, sei mir gnädig nach deiner Huld,
tilge meine Schuld nach deinem reichen Erbarmen.
    Gott, sei mir gnädig.
Denn meine bösen Taten erkenne ich,
meine Sünden stehen mir immer vor Augen.
    Gott, sei mir gnädig.

Verwirf mich nicht;
nimm nicht von mir deinen heiligen Geist.

Gott, sei mir gnädig.

KOMMUNION

Seht das Lamm Gottes,
das hinwegnimmt die Sünde der Welt.

Herr, ich bin nicht würdig...

Herr Jesus Christus, gib uns dein Leben und deine Kraft, gib
uns teil an deinem Tod und deiner Auferstehung.

DANKSAGUNG

Herr, ich glaube an dich:
daß du da bist, auch wenn ich dich nicht sehe;
daß du alles lenkst, auch wenn ich es nicht begreife;
daß du mich liebst, auch wenn du hart erscheinst;
daß du mir gut bist, obwohl ich krank bin.
Wir danken dir
für das Brot des Lebens,
weil jeder, der von diesem Brot ißt,
in ihm auf ewig das Leben hat.

SEGENSBITTE

Es segne uns Gott, der Vater, der uns geschaffen.
Es segne uns Gott, der Sohn, der uns gerettet.
Es segne uns Gott, der Heilige Geist, der uns geheiligt hat.

Amen.

2. Kommunionfeiern zu den Zeiten und Festen des Herrenjahres

5 *Hoffen auf den Herrn*

Advent

ERÖFFNUNG

Mit der Feier des Advent hat ein neues Kirchenjahr begonnen. Damit ist eine neue Seite im Buch der Heilsgeschichte Gottes mit den Menschen aufgeschlagen. Auf dem letzten Blatt dieses Buches steht die Wiederkunft Christi in Macht und Herrlichkeit. Niemand weiß, wie viele Blätter es bis dahin noch sind. Deshalb ruft uns die Kirche in diesen Tagen zu neuer Wachsamkeit und lebendiger Hoffnung. Der Herr wird einst wiederkommen!

SCHULDBEKENNTNIS

Laßt uns beten:

☐ Herr, unser Gott,
alles steht in deiner Macht;
du schenkst das Wollen und das Vollbringen.
Hilf uns, daß wir auf dem Weg der Gerechtigkeit
Christus entgegengehen
und uns durch Taten der Liebe
auf seine Ankunft vorbereiten,
damit wir den Platz zu seiner Rechten erhalten,
wenn er wiederkommt in Herrlichkeit.
Er, der in der Einheit des Heiligen Geistes
mit dir lebt und herrscht in alle Ewigkeit.

    Amen.   MB S. 3

LESUNG

Die Lesung zeigt, daß das Leben des Christen ausgerichtet sein muß auf den Tag Christi, auf den Tag der Wiederkunft.

Lesung aus dem ersten Brief an die Korinther. *1 Kor 1,3–9*
Gnade sei mit euch und Friede von Gott, unserem Vater, und dem Herrn Jesus Christus.

Ich danke Gott jederzeit euretwegen für die Gnade Gottes, die euch in Christus Jesus geschenkt wurde, daß ihr an allem reich geworden seid in ihm, an aller Rede und aller Erkenntnis. Denn das Zeugnis über Christus wurde bei euch gefestigt, so daß euch keine Gnadengabe fehlt, während ihr auf die Offenbarung unseres Herrn Jesus Christus wartet. Er wird euch auch festigen bis ans Ende, so daß ihr frei von Anklage dasteht am Tag unseres Herrn Jesus.

Treu ist Gott, durch den ihr berufen worden seid zur Gemeinschaft mit seinem Sohn Jesus Christus, unserem Herrn.

Treu ist Gott

Der Advent ist eine Zeit der Hoffnung, daß Gottes Gnade in Jesus Christus auch zu uns kommt. Wir erbitten seine heilvolle Gegenwart für unsere oft heillose Welt.

Trotz tiefer Spaltungen und Gegensätze in der Gemeinde von Korinth ist der Apostel Paulus überzeugt, daß ihr die Gnade Gottes geschenkt ist. Die Liebe Gottes in Christus ist der wahre Reichtum, den es zu erkennen gilt und für den wir nur danken können. Denn trotz all unserer Schwächen dürfen wir auf die unwiderrufliche Treue Gottes bauen. – Welcher Kranke erlebt nicht immer wieder, daß sein Inneres gespalten und zerrissen ist. Warum muß gerade ich so schwer krank sein? Liebt mich Gott überhaupt? Liegt nicht seine strafende Hand auf mir? In solchen Anfechtungen müssen wir auf das Schicksal Jesu Christi schauen. Auch er, der geliebte Sohn, mußte Leid, Qual und Tod erdulden. Aber er vertraute Gott bis in den Tod, denn er glaubte an die Treue seines Vaters im Himmel. Lassen wir uns in allen Ängsten und Zweifeln in der Begegnung mit dem eucharistischen Herrn neu die Überzeugung schenken: Gott ist mir treu. Er wird mir Kraft verleihen bis ans Ende.

ANTWORT

☐ Macht hoch die Tür, die Tor macht weit,
es kommt der Herr der Herrlichkeit,
ein König aller Königreich,
ein Heiland aller Welt zugleich,
der Heil und Leben mit sich bringt;
derhalben jauchzt, mit Freuden singt.
Gelobet sei mein Gott,
mein Schöpfer reich an Rat.   GL 107

KOMMUNION

☐O Zur Vorbereitung der heiligen Kommunion, zum Ausdruck der Reue über die begangenen Fehler und Sünden beten
wir gemeinsam:
     Vater unser ...
Seht das Lamm Gottes,
das hinwegnimmt die Sünde der Welt.
     Herr, ich bin nicht würdig ...
Komm, Herr, such uns heim mit deinem Erbarmen;
dann wird unsere Freude vollendet sein.

DANKSAGUNG

☐ Wir danken dir, heiliger Vater, für deinen Sohn,
dem du eine Wohnung bereitet hast in unseren Herzen,
und preisen dich für die Erkenntnis
und die Unsterblichkeit,
die du uns gebracht hast durch Jesus, deinen Knecht.
     Ehre sei dir in Ewigkeit.
Du, Herr, Allherrscher, hast alles zu deiner Ehre geschaffen.
Speise und Trank hast du den Menschen gegeben,
daß sie leben können.
Uns Christen hast du geistliche Speise und ewiges Leben dazu
geschenkt durch Jesus, deinen Knecht.
     Ehre sei dir in Ewigkeit.
Gedenke, Herr, deiner Kirche.

Entreiß sie allem Bösen
und vollende sie in deiner Liebe.
Hole sie heim von den Enden der Erde in dein Reich,
das du ihr bereitet hast.

    Denn dein ist das Reich und die Kraft
    und die Herrlichkeit in Ewigkeit.

Komm, Herr Jesus, und vollende unsere Welt.

    Amen.

SEGENSBITTE

○ Herr unseres Lebens, begleite uns.
Nimm alle Menschen in deinen Schutz.
Wir befehlen uns in deine Hand.
Sei mit uns, du Gott unserer Hoffnung.

    Amen.

6 Der Herr ist nahe

Advent

ERÖFFNUNG

□ Gott ist uns Menschen nahe, das ist die Botschaft der Adventszeit. Das Rufen nach dem Erlöser wird erhört, Jesus Christus, der Sohn Gottes, erscheint unter uns. Seine Gegenwart erfüllt uns mit Freude, seine Kraft stärkt uns, so daß wir mit ihm leben können. Wir bereiten uns auf sein Kommen und beten:

□○ Sei gepriesen, Herr Jesus Christus,
Sohn des lebendigen Gottes.
Du bist der Erlöser der Welt,
unser Herr und Heiland.
Komm, Herr Jesus, und steh uns bei,
daß wir allezeit mit dir leben
und in das Reich deines Vaters gelangen.

    Amen.

SCHULDBEKENNTNIS

○ Vor dem Empfang des Leibes Christi wollen wir uns von allem abwenden, was uns von Gott trennt. Wir bekennen unsere Schuld und bitten um Vergebung.

Ich bekenne Gott, dem Allmächtigen,
und allen Brüdern und Schwestern,
daß ich Gutes unterlassen und Böses getan habe
– ich habe gesündigt
in Gedanken, Worten und Werken –
durch meine Schuld, durch meine Schuld,
durch meine große Schuld.
Darum bitte ich die selige Jungfrau Maria,
alle Engel und Heiligen
und euch, Brüder und Schwestern,
für mich zu beten bei Gott, unserem Herrn.

Der allmächtige Gott erbarme sich unser.
Er lasse uns die Sünden nach
und führe uns zum ewigen Leben.
Amen.

LESUNG

Lesung aus dem Brief an die Philipper. *Phil 4, 4–7*
Freut euch im Herrn zu jeder Zeit! Noch einmal sage ich: Freut euch! Eure Güte werde allen Menschen bekannt. Der Herr ist nahe!
Sorgt euch um nichts, sondern bringt in jeder Lage betend und flehend eure Bitten mit Dank vor Gott! Und der Friede Gottes, der alle Vernunft übersteigt, wird eure Herzen und eure Gedanken in der Gemeinschaft mit Christus Jesus bewahren.

Freude und Friede

Der Christ hat Anlaß zu immerwährender Freude, denn er hat die Hoffnung auf den Frieden Gottes. Freude soll eine innere Grundbefindlichkeit sein, der Güte und Milde im Umgang mit den anderen entspricht. Das ist schon schwer für Gesunde, und doch soll es auch für die Kranken gelten. Wieviel Verständnislosigkeit, Haß und Gemeinheit gibt es, wie schwer kommen Liebe,

Verständnis und Freundlichkeit dagegen an. Aber die Nähe des Herrn, die vor allem den Leidenden zugesagt wird, ist Quellpunkt der Freude.

Das urchristliche Beten schließt mit dem Ruf: Maranatha! Komm, Herr! Auch wir können so sprechen, weil Jesus Christus unsere Zukunft ist.

Der Segenswunsch um Frieden bedeutet Heil, das gerade in der Stunde der Verzweiflung not tut. Wer sich unter den Schutz Jesu stellt, dem werden Freude und Heil gewährt. Kranke spüren das oft besser als Gesunde.

ANTWORT

Kündet allen in der Not:

Fasset Mut und habt Vertrauen.
Bald wird kommen unser Gott;
herrlich werdet ihr ihn schauen.
Allen Menschen wird zuteil Gottes Heil.

Gott wird wenden Not und Leid.
Er wird die Getreuen trösten,
und zum Mahl der Seligkeit
ziehen die vom Herrn Erlösten.
Allen Menschen wird zuteil Gottes Heil. GL 106

FÜRBITTEN

Im Vertrauen auf den Herrn, der zu uns kommt, sprechen wir nun das fürbittende Gebet. Jesus Christus ist unser Fürsprecher beim Vater. Mit ihm vereint, bitten wir.

Für die Boten Christi in unserer Heimat und in der Mission.

Gott, unser Vater, wir rufen zu dir.
Wir bitten dich, erhöre uns.

Für unsere Mitmenschen, die nach dem Sinn ihres Lebens fragen.

 Gott, unser Vater...

Für alle, die Krankheit und Not leiden.

Gott, unser Vater...

Für die Verlassenen und Einsamen, für Mißachtete und Verstoßene.

Gott, unser Vater...

Gütiger Gott, auf deine Hilfe vertrauen wir.
Erbarme dich aller, für die wir dich bitten,
durch Christus, unseren Herrn.

Amen.

KOMMUNION

☐ Wir erfüllen den Auftrag Christi und sprechen das Gebet des Herrn.

Vater unser...

Seht das Lamm Gottes,
das hinwegnimmt die Sünde der Welt.

Herr, ich bin nicht würdig...

○ Gott selbst wird kommen, uns zu erlösen.

DANKSAGUNG

☐ Herr Jesus Christus, du bist Mensch geworden und hast unter uns gewohnt. Du bist unter uns im Geheimnis deines Leibes und Blutes und in der Kraft deiner Sakramente. Du rufst uns an durch dein göttliches Wort. Du bist uns nahe als Haupt deiner Kirche und in den geringsten deiner Brüder. Du wirst kommen mit Macht und Herrlichkeit und unverhüllt unter uns sein als unser Gott. Rüttle unsere Herzen auf, damit wir für dein Kommen stets bereit sind und aus deiner Nähe allezeit Freude schöpfen. Wir preisen dich mit Gott dem Vater in der Einheit des Heiligen Geistes jetzt und in Ewigkeit.

Amen.

□○ Der Gott des Friedens stärke uns in allem Guten, damit
wir seinen Willen erfüllen.
Ihm sei die Ehre in Ewigkeit.

> Amen.

7 Heute ist uns der Heiland geboren

Weihnachten

ERÖFFNUNG

○ Freut euch im Herrn,
heute ist uns der Heiland geboren.
Heute ist der wahre Friede vom Himmel herabgestiegen.

SCHULDBEKENNTNIS

□ Herr Jesus Christus, Heiland der Welt.
Du bist (heute) unser Bruder geworden,
um uns Anteil an deinem göttlichen Leben zu schenken.

> Herr, erbarme dich.

Du hast unsere Schwächen und Verfehlungen auf dich genommen,
damit wir deinen Frieden finden.

> Christus, erbarme dich.

Du erträgst es nicht,
wenn wir uns und anderen das Leben erschweren.

> Herr, erbarme dich.

Zerbrich den Teufelskreis des Bösen,
zerbrich unsere Fesseln
und laß die Sünde in uns sterben.

> Amen.

LESUNG

In Christus wird die Menschenliebe Gottes offenbar. Deshalb dürfen auch wir hoffen.

Lesung aus dem Brief an Titus.   *Tit 3, 4–7*

Als die Güte und Menschenliebe Gottes, unseres Retters, erschien, hat er uns gerettet – nicht wegen der Werke, die wir aus eigener Gerechtigkeit vollbracht hätten, sondern auf Grund seines Erbarmens – durch das Bad der Wiedergeburt und der Erneuerung im heiligen Geist. Ihn hat er in reichem Maß über uns ausgegossen durch Jesus Christus, unseren Retter, damit wir, durch seine Gnade gerechtfertigt, Erben des ewigen Lebens werden, das wir erhoffen.

Freude über die Nähe Gottes

Es mag sein, daß in Krankheit und Leid die vertrauten Formen, wie wir Menschen üblicherweise das Weihnachtsfest begehen, uns lästig, vielleicht sogar ärgerlich sind, weil sie so gar nicht unserer Lebenssituation zu entsprechen scheinen. Können wir dennoch – auf unsere Weise – an der Freude des Weihnachtsfestes teilhaben? Es kann gelingen, wenn wir uns von Gott einladen lassen, die Zeichen zu sehen und zu verstehen, die er uns schenkt. Dies kann auf eine sehr schlichte Weise geschehen, indem wir nichts weiter tun, als das neugeborene Kind in der Krippe zu betrachten. Dies dürfen wir sehen: Christus ist unser Bruder geworden, durch ihn tritt Gott in das Leben der Menschen ein. Christus ist das unüberbietbare Zeichen dafür, daß Gott lebt und uns Menschen nicht allein läßt. In unsere Einsamkeit und Hilflosigkeit hinein läßt Gott den Glanz des unzerstörbaren Lebens aufleuchten, das in Christus sichtbar erschienen ist. Auf unsere Frage erhalten wir eine Antwort, die Hoffnung in uns zu wecken vermag. Freude am Weihnachtsfest ist möglich, weil die Güte und Menschenfreundlichkeit Gottes erschienen ist. Gott zeigt sich als unser Retter.

Lobt Gott, ihr Christen, alle gleich,
in seinem höchsten Thron,
der heut' schließt auf sein Himmelreich
und schenkt uns seinen Sohn.   GL 134

FÜRBITTEN

Am Weihnachtsfest richten wir unsere Bitten an den, der gekommen ist, der Welt das Heil zu bringen.
Herr Jesus Christus, wir bitten für alle, die heute auf die Frohe
Botschaft warten, daß sie in dir den Heiland der Welt erkennen
und Halt für ihr Leben finden.

    Christus, höre uns. Christus, erhöre uns.

Für alle, die heute einsam, verstoßen oder friedlos sind, daß
sie in der Liebe Gottes und unserer Hilfsbereitschaft neue Heimat erfahren.

    Christus, höre uns. Christus, erhöre uns.

Für alle, die in diesen Tagen arbeiten, damit wir feiern können,
daß auch sie aus der Freude dieses Festes leben können.

    Christus, höre uns. Christus, erhöre uns.

Für alle, die unter Haß, Krieg oder Gewalt leiden, daß sie am
Vertrauen auf Gott und an der Liebe zu den Menschen festhalten.

    Christus, höre uns. Christus, erhöre uns.

Für uns selber, daß wir uns von der Liebe Gottes ergreifen lassen.

    Christus, höre uns. Christus, erhöre uns.

Herr Jesus Christus,
du bist Mensch geworden
und hast so Himmel und Erde wieder geeint.
Laß diese Welt nicht im Stich.
Gib das Gute dem Bösen nicht preis,
sondern führe du es zum endgültigen Sieg,
wenn du kommst in Herrlichkeit.

    Amen.

KOMMUNION

□○ Herr, gib unserem Kranken...
(allen Mitgliedern dieser Familie),
unserer Gemeinde und allen Menschen guten Willens
den Frieden der Heiligen Nacht.

    Amen.

Seht das Lamm Gottes,
das hinwegnimmt die Sünde der Welt.

    Herr, ich bin nicht würdig...

Unser Gott ist auf Erden erschienen
als Mensch unter Menschen.

DANKSAGUNG

○ Gütiger Vater,
durch die Geburt deines Sohnes
hast du uns Menschen dein Heil zugesagt.
Laß uns für immer zu Christus gehören
und mit ihm einst deine Herrlichkeit schauen,
der in der Einheit des Heiligen Geistes
mit dir lebt und herrscht in alle Ewigkeit.

    Amen.

SEGENSBITTE

□○ Unser Herr Jesus Christus,
der all unser Leid kennt,
gebe uns Gesundheit an Leib und Seele
und schenke uns seinen Frieden.

    Amen.

8 Christus – Licht der Welt

Erscheinung des Herrn

Gott ist Mensch geworden. Weihnachten zeigt uns Gott, der den Menschen gleich wird; ein Kind, das unterwegs geboren und dessen Leben von Mördern bedroht wird. Das Fest Erscheinung des Herrn läßt uns erkennen: Dieses Kind ist der ewige Gottessohn, dem die Huldigung der Völker zusteht. Dieses Kind verbindet den Menschen unlösbar mit Gott. Gott gehört nun den Menschen, und die Menschen gehören Gott.

○ Wir wollen Christus huldigen und dem Gottmenschen uns selbst, die Kirche und die Welt anvertrauen.

SCHULDBEKENNTNIS

○ Herr Jesus Christus, du bist von Gott gesandt, der Welt die Liebe des Vaters zu bezeugen.
Herr, erbarme dich.

   Herr, erbarme dich.

Du kommst, um unsere kranke Welt zu heilen.
Christus, erbarme dich.

   Christus, erbarme dich.

Du hast uns die Gotteskindschaft geschenkt.
Herr, erbarme dich.

   Herr, erbarme dich.

☐ Allmächtiger Gott,
zu unserem Heil
ist dein Sohn als Licht in die Welt gekommen.
Wir bitten dich,
laß dieses Licht uns und allen Menschen aufstrahlen,
damit wir das Leben in seinem wahren Sinn erkennen
und dich, den allein wahren Gott, finden und anbeten.
Das gewähre uns durch ihn, Christus, unseren Herrn.

   Amen.

LESUNG

In der Lesung beschreibt der Prophet Jesaja die Kirche, das neue Jerusalem, als Abglanz des Lichtes Christi. Wir Christen müssen mit Christus Licht der Welt werden.

Lesung aus dem Buch Jesaja.   *Jes 60, 1–5.6b*

Auf, Jerusalem, werde hell, denn es kommt dein Licht,
und die Herrlichkeit des Herrn
geht leuchtend auf über dir.
Finsternis bedeckt die Erde und Dunkel die Völker,
doch über dir leuchtet der Herr,
und seine Herrlichkeit erscheint über dir.

Völker wandern zu deinem Licht,
und Könige pilgern zu deinem strahlenden Glanz.
Blick auf und schau umher:
Alle versammeln sich und kommen zu dir.
Deine Söhne kommen von fern,
deine Töchter trägt man auf den Armen herbei.

Wenn du das siehst, wirst du dich freuen,
du zitterst vor Glück, und das Herz geht dir auf.
Auch den Reichtum des Meeres bringt man herbei,
die Schätze der Völker kommen zu dir.
Ganz Saba kommt, bringt Weihrauch und Gold
und verkündet den Ruhm des Herrn.

Gott offenbart sich den Suchenden

Das Fest Erscheinung des Herrn ist mehr als die Feier einer frommen Legende; es ist ein Fest der Verheißung, der Hoffnung und der Freude. Weihnachten haben wir das Kind in der Krippe gepriesen, den Sohn Gottes, der in unsere Welt gekommen ist. Das Fest Epiphanie lenkt unseren Blick auf die verborgene Gottesherrlichkeit dieses Kindes. In ihm wird die Verheißung des Propheten Jesaja Wirklichkeit, daß Gottes Herrlichkeit über unserer oft dunklen und finsteren Welt aufstrahlt.
Gottes Herrlichkeit in Christus ist nicht allen sichtbar. Nur wer auf der Suche nach Gott ist wie die Weisen aus dem Morgenland, denen wird die Herrlichkeit Gottes enthüllt. Auch heute gibt es

viele Menschen wie Herodes, wie seine Hofleute, wie die klugen Schriftgelehrten. Vielleicht gehören auch wir zu ihnen. Wir müssen aber wie die Hirten werden, wir müssen die Zeichen der Liebe Gottes in unserem Leben deuten lernen wie die Weisen. Wenn wir uns im Glauben dem Kind in der Krippe anvertrauen, dann werden wir an uns seine Macht und Herrlichkeit erfahren, schon jetzt, auch in Krankheit und Leid, vollends aber in der Ewigkeit.

ANTWORT

☐ Wie schön leuchtet der Morgenstern,
voll Gnad und Wahrheit von dem Herrn
uns herrlich aufgegangen.
Du Sohn Davids aus Jakobs Stamm,
mein König und mein Bräutigam,
du hältst mein Herz gefangen.
Lieblich, freundlich, schön und prächtig,
groß und mächtig, reich an Gaben,
hoch und wunderbar erhaben. GL 554

KOMMUNION

Seht das Lamm Gottes,
das hinwegnimmt die Sünde der Welt.

Herr, ich bin nicht würdig...

☐○ Jesus spricht:
Ich bin das Licht der Welt.
Wer mir nachfolgt, wandelt nicht im Finstern,
sondern wird das Licht des Lebens haben.

DANKSAGUNG

☐ Vater aller Völker,
du hast durch die Anbetung der Weisen
die Gottheit deines Sohnes kundgetan.
Viele Menschen haben noch nicht zu ihm hingefunden.
Erleuchte alle, welcher Rasse sie auch angehören
und welche Sprache sie auch sprechen,
daß sie Christus suchen und finden.

Amen.

☐O Der allmächtige Gott,
der uns in Christus
den Weg, die Wahrheit und das Leben schenkt,
gebe uns Kraft auf unserem Lebensweg
und lasse uns die Erfüllung unseres Lebens finden
in Christus, unserem Herrn.

    Amen.

9 Umkehr und Erneuerung

Österliche Bußzeit

ERÖFFNUNG

O Unsere ganze Gemeinde ist (in diesen Wochen vor dem Osterfest) aufgerufen zur Erneuerung ihres Glaubens. Das Leben, das Christus uns in der Taufe geschenkt hat, muß überprüft und gestärkt werden. Eigensinn, Rechthaberei, Lieblosigkeit, Neid und Stolz stören die Gemeinschaft mit den Menschen und mit Christus, sie führen uns in die Einsamkeit und in die Irre.
Buße tun heißt umkehren und Christus auf dem Weg des Gehorsams folgen. Wer umkehrt, macht Ernst mit Gott, der uns liebt.
Er bekennt, was er getan hat, und wendet sich von seiner Sünde ab. Er bereut.

SCHULDBEKENNTNIS

☐ Ehe Sie (du) im Leib des Herrn die vergebende Liebe Gottes empfangen (empfängst), wollen wir unsere Fehler und Sünden eingestehen:

    Ich bekenne ...

O Barmherziger Gott,
gib, daß wir uns (in diesen vierzig Tagen vor Ostern)
geistig erneuern,
daß wir empfänglich werden für dein Wort,

bereit zum Gehorsam,
beharrlich im Gebet und eifrig in der Liebe.
Das schenke uns durch Christus, unseren Herrn.
Amen.

LESUNG

Umkehr heißt von sich selbst weggehen und hingehen zu Christus. In ihm haben wir die Versöhnung mit Gott.

Lesung aus dem zweiten Brief an die Korinther.

2 Kor 5, 17–19.21

Wenn jemand in Christus ist, dann ist er eine neue Schöpfung: Das Alte ist vergangen, Neues ist geworden. Aber das alles kommt von Gott, der uns durch Christus mit sich versöhnt und uns den Dienst der Versöhnung aufgetragen hat. Denn Gott war in Christus, als er durch ihn die Welt mit sich versöhnte und darauf verzichtete, ihre Übertretungen anzurechnen; und durch uns hat er das Wort von der Versöhnung eingesetzt. Er hat den, der die Sünde nicht kannte, für uns zur Sünde gemacht, damit wir in ihm Gerechtigkeit Gottes würden.

Laßt euch versöhnen

Durch die Erlösungstat Christi wurde die Welt neu geschaffen, sie hat nun Hoffnung auf die Versöhnung mit Gott. Der Christ ist Teil dieser neuen Schöpfung, er hat wie die Kirche Zeichen der Versöhnung zu sein und Frieden zu stiften. Wer sein Leiden in den Dienst der Nachfolge Jesu stellt, wer es in der Hoffnung auf die neue Welt, die in Jesus angebrochen ist, zu einem guten Teil schon überwindet, der wird selbst zu einem Zeichen der Versöhnung zwischen Gott und der Menschheit. Ein solcher Christ zeigt allen, daß es sich bewährt, umzukehren und auf eine Zukunft in Jesus zu setzen.

ANTWORT

Hör, Schöpfer mild, den Bittgesang!
Wir rufen vierzig Tage lang,
in dieser heiligen Fastenzeit,
dich an, zu Buß und Reu bereit.

Du schaust bis in des Herzens Grund;
wie schwach wir sind, das ist dir kund.
Voll Reue kommen wir zurück;
voll Huld, vergebend auf uns blick!

FÜRBITTEN

Wir beten zu Jesus Christus, der uns mit Gott versöhnen und
zu seinem Vater führen will.
Herr Jesus Christus:

Laß alle Christen erkennen, wo sie ihre Fehler und Schwächen
haben und dein Bild verdunkeln.
Christus, höre uns.

> Christus, erhöre uns.

Zeige denen, die einen Irrweg gehen, den rechten Weg.
Christus, höre uns.

> Christus, erhöre uns.

Schicke allen, die unter schlechtem Einfluß stehen, verständige
Menschen, die ihnen helfen und sie führen.
Christus, höre uns.

> Christus, erhöre uns.

Richte uns auf, wenn wir schwach werden und in Sünde fallen.
Christus, höre uns.

> Christus, erhöre uns.

Öffne uns die Augen, wenn wir unsere Schuld nicht wahrhaben
oder unser Gewissen täuschen wollen.
Christus, höre uns.

> Christus, erhöre uns.

Barmherziger Gott,
du bist gut zu uns und verzeihst uns immer wieder.
In Geduld erträgst du unsere Schwächen
und verwirfst uns nicht,
auch wenn wir sündigen und schuldig werden.
Dir sei Dank für Jesus Christus,
der wie ein Arzt gekommen ist,

um uns von den Krankheiten unserer Seele zu heilen.
Durch ihn sei dir im Heiligen Geist
die Ehre in Ewigkeit.

Amen.

KOMMUNION

□○ Seht das Lamm Gottes,
das hinwegnimmt die Sünde der Welt.

Herr, ich bin nicht würdig...

Christus spricht:
Kommt alle her zu mir
mit euren Sorgen und Schwächen,
ich will euch stärken.

DANKSAGUNG

Der Herr ist mein Hirte, nichts wird mir fehlen.
Der Herr ist mein Hirte, nichts wird mir fehlen.
Er läßt mich lagern auf grünen Auen
und führt mich zum Ruheplatz am Wasser.

Der Herr ist mein Hirte, nichts wird mir fehlen.
Er stillt mein Verlangen;
er leitet mich auf rechten Pfaden,
treu seinem Namen.

Der Herr ist mein Hirte, nichts wird mir fehlen.
Muß ich auch wandern in finsterer Schlucht,
ich fürchte kein Unheil;
denn du bist bei mir,
dein Stock und dein Stab geben mir Zuversicht.

Der Herr ist mein Hirte, nichts wird mir fehlen.
Du deckst mir den Tisch vor den Augen meiner Feinde.
Du salbst mein Haupt mit Öl,
du füllst mir reichlich den Becher.

Der Herr ist mein Hirte, nichts wird mir fehlen.

Lauter Güte und Huld werden mir folgen mein Leben lang;
und im Haus des Herrn darf ich wohnen für lange Zeit.

Der Herr ist mein Hirte, nichts wird mir fehlen.

SEGENSBITTE

□○ Der Herr segne uns und behüte uns.
Er lasse sein Angesicht über uns leuchten
und sei uns gnädig.
Er wende uns sein Angesicht zu
und gebe uns Frieden.

Amen.

10 Mit Christus leiden

Österliche Bußzeit

ERÖFFNUNG

Die vierzig Tage der österlichen Bußzeit sollen uns auf die Feier
des Todes und der Auferstehung unseres Herrn vorbereiten.
Zwar sind wir durch die Taufe und das Bekenntnis unseres
Glaubens schon erlöst. Aber wir müssen uns immer wieder vom
Wort Gottes zur Umkehr rufen lassen. Durch seine Botschaft
wissen wir, daß wir dem Bösen und unserer Schwachheit nicht
hilflos ausgeliefert sind.

SCHULDBEKENNTNIS

Daher bitten wir um Erbarmen und Hilfe:
○ Herr Jesus Christus,
du hast wie wir als Mensch gelebt, in allem uns gleich, außer
der Sünde.
Herr, erbarme dich.

Herr, erbarme dich.

Du hast in der Stunde der Versuchung das Böse besiegt.
Christus, erbarme dich.

Christus, erbarme dich.

Du rufst uns heute zur Besinnung, damit wir dir bereitwilliger nachfolgen.

Herr, erbarme dich.

Herr, erbarme dich.

Der Herr erbarme sich unser und schenke uns die Vergebung unserer Schuld.

Amen.

LESUNG

Die Nachfolge Jesu ist ohne Leid und Krankheit nicht möglich. Da aber unser Herr Krankheit und Tod überwunden hat, dürfen auch wir hoffen.

Lesung aus dem zweiten Brief an Timotheus.   *2 Tim 1, 8–10*
Schäme dich nicht, dich zu unserem Herrn zu bekennen; schäme dich auch meiner nicht, der ich seinetwegen im Gefängnis bin, sondern leide mit mir für das Evangelium. Gott gibt dazu die Kraft: Er hat uns errettet; mit einem heiligen Ruf hat er uns gerufen, nicht auf Grund unserer Werke, sondern aus eigenem Entschluß und aus Gnade, die uns vor ewigen Zeiten in Christus Jesus geschenkt wurde; jetzt aber wurde sie durch das Erscheinen unseres Retters Christus Jesus geoffenbart. Er hat dem Tod die Macht genommen und uns das Licht des unvergänglichen Lebens gebracht durch das Evangelium.

Gott schenkt Kraft im Leiden

Immer wieder stoßen wir Menschen an Grenzen, die wir nicht überschreiten können. Besonders in Krankheit und Schwäche wird die Erfahrung überdeutlich, daß wir nicht in der Lage sind, das Leben so zu gestalten, wie wir möchten; unseren guten Willen, unsere Leistungsfähigkeit, unsere Kräfte erleben wir oft genug als schwach und ungenügend. Wenn wir dies schmerzlich erfahren, drängt sich dann nicht die Frage auf, welchen Wert hat eigentlich mein Leben? Wozu kann es nützen? Wir wollen diese Frage nicht beiseite schieben, sondern bewußt in die Begegnung mit Christus in der heiligen Kommunion hineinstellen. Daß er uns jetzt so nahe ist, bedeutet doch, daß er uns helfen will. Und seine Hilfe besteht darin, uns zu sagen: Schwäche, Lei-

den und Mutlosigkeit dürfen nicht allein menschlichen Maßstäben, die sich an Leistung orientieren, unterworfen werden. In den Möglichkeiten des Lebens begrenzt zu sein kann zu einem Bekenntnis des Glaubens werden, wenn wir das eigene Schicksal mit der freiwilligen Armut, dem Leiden und der Hingabe Christi verbinden. Sie sind Zeichen der Liebe zu uns, die Gott für uns angenommen hat. Wir dürfen darauf vertrauen, daß Gott uns auf dem Weg, den wir gehen sollen, die Kraft schenkt, seinem Sohn ähnlich zu werden bis in den endgültigen Sieg hinein.

ANTWORT

Aus der Tiefe rufe ich, Herr, zu dir:
Herr, höre meine Stimme!

> Aus der Tiefe rufe ich, Herr, zu dir:
> Herr, höre meine Stimme!

Wende dein Ohr mir zu,
achte auf mein lautes Flehen!
Würdest du, Herr, unsere Sünden beachten,
Herr, wer könnte bestehen?

> Aus der Tiefe rufe ich, Herr, zu dir:
> Herr, höre meine Stimme!

Doch bei dir ist Vergebung,
damit man in Ehrfurcht dir dient.
Ich hoffe auf den Herrn, es hofft meine Seele,
ich warte voll Vertrauen auf sein Wort.

> Aus der Tiefe rufe ich, Herr, zu dir:
> Herr, höre meine Stimme!

Meine Seele wartet auf den Herrn
mehr als die Wächter auf den Morgen.
Mehr als die Wächter auf den Morgen
soll Israel harren auf den Herrn!

> Aus der Tiefe rufe ich, Herr, zu dir:
> Herr, höre meine Stimme!

Denn beim Herrn ist die Huld,
bei ihm ist Erlösung in Fülle.

Ja, er wird Israel erlösen
von all seinen Sünden.

> Aus der Tiefe rufe ich, Herr, zu dir:
> Herr, höre meine Stimme!

KOMMUNION

○ Mit den Worten unseres Herrn wollen wir gemeinsam das Tischgebet sprechen:

> Vater unser ...

Seht das Lamm Gottes,
das hinwegnimmt die Sünde der Welt.

> Herr, ich bin nicht würdig ...

Selig, die zum Hochzeitsmahl des Lammes geladen sind.

DANKSAGUNG

Gib, Herr, daß ich mich deinem Willen füge:
daß ich, krank wie ich bin, dich verherrliche in meinen Leiden;
ohne sie kann ich nicht zur Herrlichkeit kommen:
ohne Leiden hast du selbst nicht zur Herrlichkeit gelangen wollen.
An den Malen deiner Leiden haben dich deine Jünger erkannt.
An den Leiden erkennst du auch jene, die deine Jünger sind.
Da nichts wohlgefällig ist vor Gott, wenn du es ihm nicht darbringst,
so vereinige meinen Willen mit dem deinen und meine Schmerzen mit denen, die du gelitten hast.
Gib, daß meine Leiden die deinigen werden,
vereinige mich mit dir, erfülle mich mit dir und deinem Heiligen Geist.
Wenn ich so einen kleinen Anteil an deinen Leiden habe, erfülle mich ganz mit der Herrlichkeit, die sie dir erworben haben,
mit jener Herrlichkeit, in der du lebst mit dem Vater und dem Heiligen Geist durch alle Zeit.

> Amen.

○ Der Gott allen Heils stärke uns
und führe uns zur Gesundheit an Leib und Seele.
Ihm sei Ehre in Ewigkeit.
   Amen.

11 Vater, in deine Hände empfehle ich mich

Karwoche

ERÖFFNUNG

Der Sohn Gottes gibt sein Leben hin für seine Freunde. Im
Vertrauen auf Gott nimmt Jesus Leiden und Kreuz auf sich
und trägt damit die Schuld der Menschen. Der Kelch geht nicht
vorüber, er wird bis zur bitteren Neige geleert. Vor dem Bild
des gekreuzigten Herrn bitten wir in dieser Karwoche um die
Kraft, die Last unseres eigenen Lebens zu tragen. Wir bitten
um Vertrauen auf Gottes Güte, damit wir alles, was uns schwer
wird, mit seiner Hilfe auf uns nehmen können:

○ Mein Vater, ich überlasse mich dir;
mach mit mir, was dir gefällt.
Was du auch mit mir tun magst,
ich danke dir.
Zu allem bin ich bereit,
alles nehme ich an.
Wenn nur dein Wille sich an mir erfüllt
und an allen deinen Geschöpfen,
so ersehne ich weiter nichts, mein Gott.
In deine Hände lege ich meine Seele.
Ich gebe sie dir, mein Gott,
mit der ganzen Liebe meines Herzens,
weil ich dich liebe
und weil diese Liebe mich treibt,
mich dir hinzugeben,
mich in deine Hände zu legen,
ohne Maß, mit einem grenzenlosen Vertrauen.
Denn du bist mein Vater.   GL 5,5

SCHULDBEKENNTNIS

☐ Gott erweist seine Liebe zu uns dadurch, daß Christus, als wir noch Sünder waren, für uns starb. Wir gedenken seines Todes und bitten um Vergebung unserer Schuld.
Barmherzig und gnädig ist der Herr,
langmütig und reich an Güte.

> Er wird nicht immer zürnen,
> nicht ewig in Groll verharren.

Er handelt an uns nicht nach unseren Sünden,
vergilt uns nicht nach unserer Schuld.

> Denn so hoch der Himmel über der Erde,
> so hoch ist seine Huld über denen,
> die ihn fürchten.

So weit der Aufgang vom Untergang,
so weit entfernt er von uns die Schuld.

> Wie ein Vater sich seiner Kinder erbarmt,
> so erbarmt sich der Herr
> über alle, die ihn fürchten.

LESUNG   Mt 27, 35–44

Das Sterben unseres Herrn Jesus Christus nach Mattäus.
Als sie Jesus gekreuzigt hatten, warfen sie das Los und verteilten seine Kleider. Und sie setzten sich und bewachten ihn.
Über seinem Kopf hatten sie eine Tafel befestigt, die den Grund seiner Verurteilung angab: Das ist Jesus, der König der Juden. Zusammen mit ihm wurden zwei Räuber gekreuzigt, der eine rechts, der andere links von ihm.
Die Leute, die vorbeigingen, schmähten ihn; sie schüttelten den Kopf und riefen: Du willst den Tempel abreißen und in drei Tagen wiederaufbauen? Wenn du Gottes Sohn bist, hilf dir selbst und steig herab vom Kreuz! Auch die Hohenpriester, die Schriftgelehrten und die Ältesten verhöhnten ihn und sagten: Anderen hat er geholfen, sich selbst kann er nicht helfen. Er will doch der König von Israel sein! Dann soll er vom Kreuz herabsteigen, und wir werden an ihn glauben. Er hat auf Gott vertraut: der soll ihn jetzt retten, wenn er ihn liebt. Denn er

hat gesagt: Ich bin Gottes Sohn. Ebenso beschimpften ihn die beiden Räuber, die man zusammen mit ihm gekreuzigt hatte.

Der erniedrigte König

Der Teil des Leidensberichtes, den wir eben gehört haben, zeigt uns Jesus in seiner tiefsten Erniedrigung. Schon die Menschwerdung des Gottessohnes war ein Abstieg; der ewige Gott unterwirft sich den Gesetzen der Zeit. Er wird in allem uns gleich außer der Sünde, wie es im Hochgebet der Messe heißt.
In den Stunden seines Sterbens am Kreuz stoßen ihn verblendete Menschen aus der menschlichen Gemeinschaft aus. Die Feinde Jesu nehmen keinerlei Rücksicht auf seine körperlichen und seelischen Qualen. Sie kosten ihren Triumph aus, den unbequemen und gefährlichen Mahner endlich beseitigt zu haben. Jesus erträgt Hohn und Spott in königlicher Gelassenheit. Er vertraut auch am Kreuz auf den Vater im Himmel. Seine Liebe zu den Menschen läßt er auch durch die Schmähungen seiner Feinde nicht erschüttern. So erweist sich Jesus als Mensch, der uns alle unendlich überragt, er ist ein wahrer König. Er ist der Herrscher und Bote eines Reiches, in dem Sünde und Bosheit überwunden sind. In diesem Reich setzt sich die Liebe durch gegen allen Haß. Wer sich Jesus anvertraut, wer ihm treu bleibt wie die Frauen unter dem Kreuz, der findet hinein in das Reich der unendlichen Liebe. Wenn wir Jesus in allen Fügungen unseres Lebens als Herrn und König annehmen, werden wir Anteil an seiner Herrlichkeit bei Gott erhalten.

ANTWORT

O du mein Volk, was tat ich dir?
Betrübt ich dich? Antworte mir!
Ägyptens Joch entriß ich dich,
du legst des Kreuzes Joch auf mich.

> Heiliger Gott! Heiliger starker Gott!
> Heiliger, Unsterblicher, erbarme dich unser!

Ich gab dir Gnaden ohne Zahl;
du schlägst mich an des Kreuzes Pfahl.
O du mein Volk, was tat ich dir?
Betrübt ich dich? Antworte mir!

Heiliger Gott! Heiliger starker Gott!
Heiliger, Unsterblicher, erbarme dich unser! GL 206

GL 206

FÜRBITTEN

Laßt uns beten zu unserem Herrn Jesus Christus. Er hat den
Willen seines Vaters erfüllt und die Botschaft von der Liebe
Gottes mit seinem eigenen Blut besiegelt. Zu ihm rufen wir
in der Not unserer Zeit.

Für die Christen:
daß sie bereit sind, nach dem Beispiel Jesu zu leben und ihrem
Herrn auch in Prüfungen treu zu bleiben.
Herr, erbarme dich.

> Christus, erbarme dich. Herr, erbarme dich.

Für die Einheit der Christen:
damit wir der Welt das Zeugnis des einen Glaubens geben.
Herr, erbarme dich.

> Christus, erbarme dich. Herr, erbarme dich.

Für unsere Mitmenschen, die sich einsetzen für Gerechtigkeit
und Frieden:
daß sie eher bereit sind, Unrecht zu erdulden als Unrecht zu
tun.
Herr, erbarme dich.

> Christus, erbarme dich. Herr, erbarme dich.

Für die Armen, die Notleidenden, die Kranken; für alle, die
auf die Hilfe anderer angewiesen sind:
daß sie immer Menschen finden, die ihnen in Liebe zur Seite
stehen.
Herr, erbarme dich.

> Christus, erbarme dich. Herr, erbarme dich.

Starker Herr,
du bist als Schwacher am Kreuz gestorben,
aber auferstanden in Kraft.
Du rufst schwache Menschen in deinen Dienst
und gibst ihnen Anteil an deiner Stärke.
Herr, sei du unsere Hoffnung,

bis die Verheißung erfüllt
und jede böse Macht vernichtet ist.
Wir preisen dich in Ewigkeit.

Amen.

KOMMUNION

☐ Der Herr hat uns gelehrt zu beten.
Voll Vertrauen sprechen wir:

Vater unser...

○ Seht das Lamm Gottes,
das hinwegnimmt die Sünde der Welt.

Herr, ich bin nicht würdig...

Sooft ihr dieses Brot eßt und diesen Kelch trinkt,
verkündet ihr den Tod des Herrn, bis er kommt.

DANKSAGUNG

☐ O Herr, ich gebe mich ganz in deine Hände. Mache mit mir,
was du willst. Ich feilsche um nichts. Ich suche nicht im voraus
zu erkunden, was du mit mir vorhast. Ich will das sein, wozu
du mich haben willst; ich will all das, wozu du mich machen
willst. Ich sage nicht: ich will dir folgen, wohin du gehst; denn
ich bin schwach. Aber ich gebe mich dir, daß du mich führst,
gleich, wohin. Ich will dir im Dunkel folgen und bitte nur um
Kraft für meinen Tag.   GL 5,4

SEGENSBITTE

☐○ Herr, dein Kreuz verehren wir,
und deine Auferstehung preisen wir.
Wir segnen uns mit dem Zeichen deines österlichen Sieges.
Deine Auferstehung schenke uns Freude und Zuversicht.

Amen.

12 Der Herr ist auferstanden

Ostern

Ostern feiern heißt: sich ganz zu Jesus Christus bekennen, das eigene Leben ganz auf ihn bauen. Er hat gesagt: Wer mit mir gehen will, muß den Kreuzweg gehen und sein Leid mit mir tragen. Aber er hat auch hinzugefügt: Das Ende dieses Kreuzwegs ist nicht das Ende im Tod. Wer mit mir geht, wird durch sein Sterben auferstehen in ein neues und unvergängliches Leben der Vollendung.

In diesen Ostertagen feiern wir, daß unser Herr und Bruder selbst diesen Todesweg gegangen und ans Ziel der Auferstehung gelangt ist. Daher dürfen auch wir hoffen, mit ihm aufzuerstehn.

O Der Herr ist auferstanden. Halleluja.

 Er ist wahrhaft auferstanden. Halleluja.

Sein ist die Herrlichkeit und die Macht in Ewigkeit. Halleluja.

 Er ist wahrhaft auferstanden. Halleluja.

LESUNG

Ob einer wirklich an Jesus Christus glaubt, das erkennt man nicht so sehr am Bekenntnis seiner Lippen als vielmehr daran, ob in seinem Leben Christus zu Wort kommt.

Lesung aus dem Brief an die Kolosser.   *Kol 3, 1–4*
Ihr seid mit Christus auferweckt; darum strebt nach dem, was im Himmel ist, wo Christus zur Rechten Gottes sitzt. Richtet euren Sinn auf das Himmlische und nicht auf das Irdische.
Denn ihr seid gestorben, und euer neues Leben ist mit Christus verborgen in Gott.
Wenn Christus, unser Leben, offenbar wird, dann werdet auch ihr mit ihm offenbar werden in Herrlichkeit.

Leben aus der Auferstehung

*Das Gedächtnis von Tod und Auferstehung Christi am Osterfest
ist der eigentliche Tauftermin der Kirche. Die Taufe aber ist für
Paulus Zeichen des Sterbens und Auferstehens mit Christus. Wir
werden hingewiesen auf das, was für den Christen das Eigentliche seines Lebens sein soll, das Motiv für sein Handeln: nicht
vordergründige Probleme des täglichen Lebens allein und für
sich genommen, sondern ein Leben aus dem Glauben an die
Auferstehung. Zwar ist dieses neue Leben noch verborgen, doch
muß es in allem Tun zum Ausdruck kommen. Der Christ soll
dabei keineswegs seine täglichen Pflichten und Aufgaben vernachlässigen, er darf sich aber nicht darin verlieren oder etwa
in ihnen ganz aufgehen.*

ANTWORT

☐ Christ ist erstanden von der Marter alle.
Des solln wir alle froh sein;
Christ will unser Trost sein. Kyrieleis.

Wär er nicht erstanden,
so wär die Welt vergangen.
Seit daß er erstanden ist,
so freut sich alles,
was da ist. Kyrieleis.　　GL 213

FÜRBITTEN

Wir bringen, vereint mit Christus, dem Sieger über Tod und
Sünde, unsere Anliegen vor den allmächtigen Gott.
Für die Gemeinschaft der an Christus Glaubenden
in der ganzen Welt,
daß sie leben aus der Hoffnung,
am Sieg Christi einst vollen Anteil zu erhalten.
Gott, unser Vater, wir rufen zu dir.

　　Wir bitten dich, erhöre uns.

Für alle, die in der Welt Einfluß haben,
daß sie ihn zum Guten nutzen.
Gott, unser Vater, wir rufen zu dir.

　　Wir bitten dich, erhöre uns.

Für alle, die noch unter dem Einfluß des Bösen stehen,
daß sie zu Christus und durch ihn zur Freiheit finden.
Gott, unser Vater, wir rufen zu dir.

Wir bitten dich, erhöre uns.

Für alle Kranken und Leidenden,
daß ihr Leiden und Beten fruchtbar werde
für das Heil ihrer Mitmenschen.
Gott, unser Vater, wir rufen zu dir.

Wir bitten dich, erhöre uns.

Ewiger Gott,
du hast Jesus, deinen Sohn, vom Tod erweckt
und dadurch auch uns Hoffnung auf ewiges Leben geschenkt.
Dafür danken wir dir und preisen wir dich in Ewigkeit.

Amen.

KOMMUNION

○ Laßt uns beten, wie der Herr uns zu beten gelehrt hat.

Vater unser ...

□ Seht das Lamm Gottes,
das hinwegnimmt die Sünde der Welt.

Herr, ich bin nicht würdig ...

Die Jünger erkannten den Herrn Jesus, als er das Brot brach.
Halleluja.

DANKSAGUNG

○ Wahrer Gott, wir glauben dir,
du bist mit Gottheit und Menschheit hier:
du, der den Satan und Tod überwand,
der im Triumph aus dem Grabe erstand.
Preis dir, du Sieger auf Golgota,
Sieger auf ewig! Halleluja.

□○ Der Herr über Leben und Tod
sei unsere Hoffnung,
daß auch wir zur Auferstehung gelangen.

Im Namen des Vaters
und des Sohnes
und des Heiligen Geistes.
Amen.

13 Zeugnis für Christus

Osterzeit

ERÖFFNUNG

In dieser Osterzeit feiern wir Christus, der den Tod überwunden hat und in der Macht Gottes aus dem Grab erstanden ist. Alle, die sich zu ihm bekennen, dürfen aus seinem Sieg Zuversicht und Freude schöpfen. Seit unserer Taufe sind wir mit ihm verbunden. Jetzt ist er uns nahe als Speise des neuen Lebens, das niemals endet. Zu ihm beten wir:

○ Herr Jesus Christus,
du bist für uns gehorsam geworden bis in den Tod.
Dich hat Gott erhöht, dein Reich besteht in Ewigkeit.
Wir preisen deine Auferstehung und bitten dich:
Stärke uns durch deine Gegenwart,
damit wir für dich Zeugnis geben.
Laß uns in diesem österlichen Sakrament
deine Liebe erfahren
und schenke uns deinen Frieden.
Dich preisen wir mit Gott, dem allmächtigen Vater,
in der Einheit des Heiligen Geistes
jetzt und in Ewigkeit.

Amen.

SCHULDBEKENNTNIS

☐ Mit den Worten eines Psalms bitten wir den allmächtigen Gott um die Verzeihung unserer Schuld.

Ich will dich rühmen, mein Gott und König,
deinen Namen preisen immer und ewig,

> will Tag um Tag dich preisen,
> deinen Namen loben immer und ewig!

Gnädig und barmherzig ist der Herr,
langmütig und reich an Gnade.

> Der Herr ist gütig zu allen,
> sein Erbarmen waltet über seinen Werken.

Der Herr stützt alle, die fallen,
und richtet alle Gebeugten auf.

> Der Herr ist allen, die ihn anrufen, nahe,
> allen, die zu ihm aufrichtig rufen.

Was die Gottesfürchtigen begehren, erfüllt er,
erhört ihr Schreien und rettet sie.
Ehre sei dem Vater und dem Sohn
und dem Heiligen Geist,

> wie im Anfang, so auch jetzt und alle Zeit
> und in Ewigkeit. Amen.

LESUNG

In den Worten der Apostel, die sich vor dem Hohen Rat verantworten müssen, hören wir das Bekenntnis zu Jesus Christus.

Lesung aus der Apostelgeschichte. *Apg 5, 29–32*
Petrus und die Apostel antworteten: Man muß Gott mehr gehorchen als den Menschen. Der Gott unserer Väter hat Jesus auferweckt, den ihr ans Holz gehängt und ermordet habt. Ihn hat Gott als Fürsten und Heiland an seine rechte Seite erhoben, um Israel die Umkehr und Vergebung der Sünden zu schenken. Zeugen dieser Ereignisse sind wir und der heilige Geist, den Gott allen verliehen hat, die ihm gehorchen.

Bekenntnis zum auferstandenen Herrn

Das Zeugnis, das die Apostel in Jerusalem von der Auferstehung Christi abgelegt haben, hat ihr Leben grundlegend verändert. Die Zahl der Glaubenden wuchs, und es bildete sich eine Gemeinde, die ,,ein Herz und eine Seele" war; aber es entstand auch Widerspruch und der Versuch, ihren Glauben mundtot zu machen. Dagegen steht das Wort ,,Man muß Gott mehr gehorchen als den Menschen." Was Gott gewirkt hat, darf nicht verschwiegen werden, weil die Wahrheit dazu bestimmt ist, Menschen zu erreichen und in ihnen Hoffnung zu wecken. Für diese Wahrheit, daß Gott sich in der Auferweckung seines Sohnes mächtig erwiesen hat, sind seit den Tagen der Apostel bis heute hin immer wieder Bekenner und Blutzeugen eingetreten. Sie sind die Zeugen dafür, daß der Geist Gottes zu jeder Zeit wirkt. Auf welche Weise wir das Bekenntnis zum auferstandenen Herrn bezeugen sollen, liegt nicht allein in unserer Macht. Vielleicht erwartet Gott das Beispiel eines einfachen Lebens, das Ertragen von Leid und Schmerzen, vielleicht Geduld und Treue. Jeder von uns ist auf seine eigene Weise berufen, gestärkt mit dem Geist Gottes zu leben und zu leiden, zu wirken und zu ertragen. Wer sich der Führung durch den Geist Gottes überläßt, darf wissen, daß er von Gott berufen ist, Christus, den auferstandenen Herrn und Retter, zu bekennen.

ANTWORT

Nun singt dem Herrn das neue Lied.
In aller Welt ist Freud und Fried.
Es freu sich, was sich freuen kann,
denn Wunder hat der Herr getan!

Verklärt ist alles Leid der Welt,
des Todes Dunkel ist erhellt.
Der Herr erstand in Gottes Macht,
hat neues Leben uns gebracht.

FÜRBITTEN

Jesus Christus ist der mächtige Zeuge, der uns die Taten Gottes verkündet. Seine Hilfe rufen wir an für alle Menschen, die uns anvertraut sind.

Für die Neugetauften, die in dieser Osterzeit Glieder der Kirche Christi geworden sind.
Christus, höre uns.
Christus, erhöre uns.

Für Laien und Priester, die beauftragt sind, das Wort Gottes zu verkünden.
Christus, höre uns.
Christus, erhöre uns.

Für alle, die das Kreuz Christi mittragen und sich nach Trost und Hilfe sehnen.
Christus, höre uns.
Christus, erhöre uns.

Für die Opfer der Kriege, die Heimatlosen und Verlassenen.
Christus, höre uns.
Christus, erhöre uns.

Für alle Kranken und für unsere Mitmenschen, die einsam sind.
Christus, höre uns.
Christus, erhöre uns.

Herr Jesus Christus,
du hast uns in deine Nähe gerufen
und mit unvergänglichem Leben beschenkt.
Laß alle Menschen deine Güte erfahren,
damit sie durch dich den ewigen Gott erkennen
und für ihn leben.
Dir sei die Ehre in Ewigkeit.
Amen.

KOMMUNION

O Voll Vertrauen dürfen wir Gott unsern Vater nennen. Daher sprechen wir:
Vater unser...

☐ Seht das Lamm Gottes,
das hinwegnimmt die Sünde der Welt.
Herr, ich bin nicht würdig...

Christus spricht: Wer in mir bleibt und in wem ich bleibe, der bringt reiche Frucht.

DANKSAGUNG

□○ Gütiger Gott, wir danken dir, daß du uns so reich beschenkt und zur Gemeinschaft mit deinem Sohn gerufen hast. Für uns hast du ihn in den Tod gegeben. Jetzt ist er unsere Speise für das ewige Leben. Hilf uns, daß wir deine Gabe dankbar genießen. Stärke unseren Glauben an dich und laß unser Leben deiner Ehre dienen. Darum bitten wir durch ihn, Christus, unseren Herrn.

Amen.

SEGENSBITTE

□○ Es segne uns der Vater, der uns erschaffen hat.
Es stärke uns der Sohn, der für uns gelitten hat.
Es führe uns der Heilige Geist, der in uns lebt und wirkt.

Amen.

14 Leben mit Christus

Osterzeit

ERÖFFNUNG

Gnade und Friede von Gott, unserem Vater,
und unserem auferstandenen Herrn Jesus Christus
sei mit uns allen.

Amen.

Fünfzig Tage lang feiert die Kirche Ostern, länger als jedes andere Fest. Denn die Auferstehung Christi ist der Grundstein unseres Glaubens, der Einbruch des neuen Lebens Gottes in unsere alte Welt. Christus lebt, lebt weiter in seiner Kirche, kommt zu uns in seinem Sakrament.

SCHULDBEKENNTNIS

O Herr Jesus Christus, der Vater hat dich zu neuem Leben auferweckt und in die Herrlichkeit des Himmels aufgenommen.
Herr, erbarme dich.

Herr, erbarme dich.

Nach deiner Auferstehung bist du deinen Jüngern leibhaft erschienen und hast ihre Not in Freude gewandelt.
Christus, erbarme dich.

Christus, erbarme dich.

Du lebst nun beim Vater und trittst für uns ein.
Herr, erbarme dich.

Herr, erbarme dich.

□ Gott, Herr des Lebens,
seit der Auferstehung deines Sohnes wissen wir,
daß der Tod überwunden
und die Tür zu dir offen ist.
Gib uns die Kraft,
aus diesem Glauben heraus unser Schicksal anzunehmen
und zu tragen wie Jesus Christus,
bis du uns heimholst
und bei dir unvergängliches Leben schenkst.
Durch ihn, Christus, unseren Herrn.

Amen.

LESUNG

Christus ist der Grundstein unserer Hoffnung. Auf seiner Auferstehung beruht das Leben der Kirche.

Lesung aus dem ersten Brief an die Korinther.

1 Kor 15,13–14.20–21

Wenn es keine Auferstehung der Toten gibt, ist auch Christus nicht auferweckt worden. Ist aber Christus nicht auferweckt worden, dann ist unsere Verkündigung nichts, und nichts ist euer Glaube.
Christus ist von den Toten auferweckt worden, der Erste der

Entschlafenen. Da nämlich durch einen Menschen der Tod gekommen ist, kommt durch einen Menschen auch die Auferstehung der Toten.

Jesu Auferstehung – Grund unserer Hoffnung

Christ sein heißt, am Schicksal Jesu in allen Höhen und Tiefen Anteil zu erhalten. Diese Schicksalsgemeinschaft mit Jesus gibt uns Hoffnung über den Tod hinaus.

Eine Umfrage vor einigen Jahren in unserem Land ergab, daß auch viele Christen nicht mehr an ein Leben nach dem Tod glauben.

Für den Apostel Paulus steht dagegen fest, daß mit der Auferstehung Jesu auch unsere Auferstehung verbürgt ist, da wir in der Taufe engste Lebensgemeinschaft mit Christus erhalten. So ist Jesu Auferstehung der Grund unserer Hoffnung auf ein ewiges Leben. Sie ist aber auch die Grundlage unseres jetzigen Lebens als Christen. Sie gibt uns Kraft, als erlöste Menschen zu leben. Sie gibt uns Hoffnung auch in Krankheit und Leid, weil die Leiden dieser Zeit nicht zu vergleichen sind mit der Herrlichkeit, die an uns offenbar werden soll, wie Paulus sagt.

Das Zeugnis Ihres Glaubens, lieber Herr (liebe Frau)..., ist deshalb besonders wichtig für unsere Gemeinde. Ihr Glauben – erprobt und gereift in Krankheit (und Leid) – bezeugt uns Gesunden die Kraft des Glaubens an den auferstandenen Herrn, der im heiligen Sakrament nun in unserer Mitte weilt.

ANTWORT

Das Grab ist leer, der Held erwacht,
der Heiland ist erstanden!
Da sieht man seiner Gottheit Macht,
sie macht den Tod zuschanden.
Ihm kann kein Siegel, Grab noch Stein,
kein Felsen widerstehn;
schließt ihn der Unglaub selber ein,
er wird ihn siegreich sehn. Halleluja!

Wo ist dein Sieg, o bittrer Tod?
Du selber mußt erbeben;

der mit dir rang, ist unser Gott,
Herr über Tod und Leben.
Verbürgt ist nun die Göttlichkeit
von Jesu Werk und Wort,
und Jesus ist im letzten Streit
für uns ein sichrer Hort. Halleluja!

FÜRBITTEN

Wir beten zu Jesus Christus, der Herr ist über Tod und Leben.

Hilf der Kirche, in den Menschen die Erwartung auf das neue
Leben wachzuhalten.
Christus, höre uns.
Christus, erhöre uns.

Zeige allen, die nur auf dieser Erde ihr Glück suchen, das große
Ziel unseres Lebens.
Christus, höre uns.
Christus, erhöre uns.

Schenke den Enttäuschten und Lebensmüden neue Hoffnung.
Christus, höre uns.
Christus, erhöre uns.

Gib unseren Verstorbenen das neue Leben in deiner Herrlich-
keit.
Christus, höre uns.
Christus, erhöre uns.

Herr, unser Gott,
schenke uns die Erfahrung,
daß der auferstandene Christus
sein Versprechen erfüllt
und immer bei uns bleibt,
er, der bei dir lebt und mit dir herrscht in alle Ewigkeit.
Amen.

□○ Seht das Lamm Gottes,
das hinwegnimmt die Sünde der Welt.

Herr, ich bin nicht würdig...

Jesus spricht:
Ich bin die Auferstehung und das Leben.
Wer an mich glaubt, wird leben in Ewigkeit.

DANKSAGUNG

□ Dir danken nun, Herr Jesus Christ,
die Völker aller Zungen,
daß du vom Tod erstanden bist,
das Heil uns hast errungen.
Herr, bleib bei uns, wenn's Abend wird,
daß wir nicht irre gehn!
So wird die Herde wie der Hirt
einst glorreich auferstehn. Halleluja.

SEGENSBITTE

□○ Du bist in unserer Mitte, Herr,
und dein Name ist über uns ausgerufen.
Verlaß uns nicht, Herr, unser Gott.

15 Vollendung des Lebens

Christi Himmelfahrt

ERÖFFNUNG

Im Fest der Himmelfahrt Christi erfahren wir, daß die Auferstehung nicht Rückkehr in dieses Leben bedeutet. Mit Jesus gehen wir alle durch den Tod hindurch in eine andere Wirklichkeit. Diese Wirklichkeit ist jetzt noch unseren Blicken entzogen, so wie Jesus den Blicken seiner Jünger entzogen wurde. Im Glauben erhalten wir Anteil an diesem neuen Leben und erwarten seine Vollendung.

SCHULDBEKENNTNIS

O Herr Jesus Christus, wir bitten dich,
schenke uns die Vergebung des Vaters,
damit wir für dein Mahl bereitet sind.
Herr, erbarme dich.

 Herr, erbarme dich.

Du hast uns das Brot des Lebens hinterlassen,
weil du uns auch nach deinem Weggang zum Vater
immer nahe sein willst.
Christus, erbarme dich.

 Christus, erbarme dich.

Du wirst einst kommen in großer Pracht und Herrlichkeit.
Herr, erbarme dich.

 Herr, erbarme dich.

☐ Allmächtiger, ewiger Gott,
erfülle uns mit Freude und Dankbarkeit,
denn in der Himmelfahrt deines Sohnes
hast du den Menschen erhöht.
Schenke uns das feste Vertrauen,
daß auch wir zu der Herrlichkeit gerufen sind,
in die Christus uns vorausgegangen ist,
der in der Einheit des Heiligen Geistes
mit dir lebt und herrscht in alle Ewigkeit.
 Amen.   MB S. 186

LESUNG

Der Evangelist Lukas bezeugt uns, daß der zum Vater erhobene Christus seiner Gemeinde nicht fern ist. Er ist immer bei uns und will uns in Freude zu dem neuen Leben führen.
Lesung aus dem heiligen Evangelium nach Lukas.
           Lk 24, 46–51
Jesus sagte zu seinen Jüngern: So steht es geschrieben: Der Messias wird leiden und am dritten Tag von den Toten auferstehen, und in seinem Namen wird man allen Völkern, angefangen mit Jerusalem, die Bekehrung predigen, damit ihre Sünden vergeben werden. Ihr seid die Zeugen dafür.

Und seid gewiß: Ich werde zu euch herabsenden, was mein Vater verheißen hat. Bleibt in der Stadt, bis ihr mit der Kraft aus der Höhe ausgerüstet seid.

Dann führte er sie hinaus in die Nähe von Betanien. Dort erhob er seine Hände und segnete sie. Und während er sie segnete, trennte er sich von ihnen und wurde zum Himmel emporgehoben.

Heil für alle Völker

Der Schluß des Lukasevangeliums gibt uns Auskunft darüber, warum wir Christen sein dürfen. Christus verkündet das Heil für alle Völker, seine Botschaft und sein Kommen bleiben nicht auf das jüdische Volk beschränkt. In seinem Auftrag und gestärkt mit seinem Geist gehen damals wie heute die Boten Christi zu allen Menschen, um für das Evangelium Zeugnis abzulegen. Diese frohe Botschaft hat auch uns erreicht. Was bedeutet sie uns? Ist der Wille Gottes, sich allen Menschen zuzuwenden und niemanden von der Wahrheit auszuschließen, nicht gerade dann ein Trost, wenn wir uns einsam und verlassen vorkommen? Die Himmelfahrt des Herrn bedeutet ja nicht einen endgültigen Abschied, sein Abwenden von den Menschen, sondern eine neue Zuwendung zu uns. Der verheißene Heilige Geist, die ,,Kraft aus der Höhe" ist seine Gabe für uns, die uns stützt und stärkt. Da, wo wir schwach sind, dürfen wir uns der Kraft Gottes anvertrauen.

FÜRBITTEN

Wir tragen die Anliegen der Welt und der Kirche zu Christus, unserem Mittler und Fürsprecher beim Vater.

Herr Jesus Christus,
gib uns das Vertrauen, daß du deine Kirche nie verläßt.
Christus, höre uns.

> Christus, erhöre uns.

Laß uns die Zeichen und Weisen deiner Gegenwart erkennen und lieben.
Christus, höre uns.

> Christus, erhöre uns.

Gib den Christen Kraft und Mut, die sich nach deinem Vorbild
der Schwachen, Kranken und Unterdrückten annehmen.
Christus, höre uns.

Christus, erhöre uns.

Mache uns alle zu lebendigen Trägern der frohen Botschaft in
unserer Welt.
Christus, höre uns.

Christus erhöre uns.

Erhalte in uns die Hoffnung auf die himmlische Herrlichkeit.
Christus, höre uns.

Christus, erhöre uns.

Herr Jesus Christus,
du kennst die Sorgen und Nöte dieser Welt.
Du wurdest uns in allem gleich außer der Sünde.
Gib uns auch Teil an deiner Herrlichkeit,
der du lebst und herrschest in alle Ewigkeit.

Amen.

KOMMUNION

□O Nun wollen wir den Auftrag Christi erfüllen
und mit seinen Worten sprechen:

Vater unser...

Seht das Lamm Gottes,
das hinwegnimmt die Sünde der Welt.

Herr, ich bin nicht würdig...

Dein Sakrament, Herr Jesus Christus,
bringe uns das Leben
und die Vergebung unserer Sünden.

DANKSAGUNG

□ Danket dem Herrn, denn er ist gütig.

Der Herr hat uns erlöst, Halleluja.
Jesus hat den Tod besiegt.

Der Herr hat uns erlöst, Halleluja.

Das ist der Tag, den der Herr gemacht,
laßt uns frohlocken und seiner uns freuen.

Der Herr hat uns erlöst, Halleluja.

Danket dem Herrn, denn er ist gütig,
denn seine Huld währt ewig.

Der Herr hat uns erlöst, Halleluja.

Unsere Stärke und unser Lied ist der Herr,
er ist uns zum Retter geworden.

Der Herr hat uns erlöst, Halleluja.

Wir werden nicht sterben, sondern leben,
um die Werke des Herrn zu verkünden.

Der Herr hat uns erlöst, Halleluja.

SEGENSBITTE

□○ Es segne uns der allmächtige Gott,
dessen Sohn uns (am heutigen Festtag)
den Weg zum Vater geöffnet hat.

Amen.

Christus sitzt zur Rechten des Vaters
und ist dennoch bei uns.
Er schenke uns den Trost seiner Gegenwart.

Amen.

Das gewähre uns der dreieinige Gott,
der Vater und der Sohn und der Heilige Geist.

Amen.

16 Gottes Geist in uns

Pfingsten

ERÖFFNUNG

Pfingsten ist das Fest der Kirche. Heute dürfen wir von neuem
erfahren, was die Gemeinschaft der Getauften bedeutet. Allen
wird die Gabe des auferstandenen Christus geschenkt. Es ist

der Heilige Geist, der uns zur Einheit führt, ganz gleich, welche Aufgabe wir in dieser Welt haben. Ob jung oder alt, gesund oder krank – wir alle werden mit der Kraft des Geistes beschenkt, die uns fähig macht, Gott vor der Welt zu bekennen und füreinander dazusein.

☐ Damit wir uns leiten lassen vom Geist Gottes, wollen wir um seinen Beistand bitten.

Atme in mir, du Heiliger Geist, daß ich Heiliges denke!
  Treibe mich, du Heiliger Geist,
  daß ich Heiliges tue!

Locke mich, du Heiliger Geist, daß ich Heiliges liebe!
  Stärke mich, du Heiliger Geist,
  das ich Heiliges hüte!

Hüte mich, du Heiliger Geist, daß ich das Heilige nimmer verliere!
  Amen.   GL 4,6

SCHULDBEKENNTNIS

○ Wir bereuen unsere Schuld und bitten:
Herr, sende aus deinen Heiligen Geist,
und alles wird neu geschaffen.
  Und du wirst das Antlitz der Erde erneuern.

LESUNG

Die Gabe des Heiligen Geistes schenkt den Aposteln Mut, die Großtaten Gottes zu verkünden.

Lesung aus der Apostelgeschichte.   *Apg 2,1–4*
Als der Pfingsttag gekommen war, befanden sich alle am gleichen Ort. Da erhob sich plötzlich vom Himmel her ein Brausen, wie wenn ein heftiger Sturm daherfährt, und erfüllte das ganze Haus, in dem sie weilten. Und es erschienen ihnen Zungen wie von Feuer, die sich verteilten; und der heilige Geist ließ sich auf jeden von ihnen nieder. Alle wurden mit heiligem Geist erfüllt und begannen in fremden Zungen zu reden, wie der Geist ihnen zu verkünden eingab.

Geeint im Heiligen Geist

In der Lesung haben wir eine Darstellung des Pfingstgeschehens in der jungen Kirche gehört. Sie will uns die Bedeutung des Heiligen Geistes für das Leben der Kirche und unser eigenes Leben nahebringen. Der Heilige Geist ist ja das große Geschenk, das Jesus nach seiner Erhöhung zum Vater seinen Gläubigen sendet. Er gibt die Kraft, die frohe Botschaft zu leben und zu verkünden. Zwei Gedanken will ich aus der Lesung aufgreifen:

Alle befanden sich am gleichen Ort, heißt es, als der Geist auf die junge Gemeinde herabkam. Er läßt sich auf jeden nieder, aber das geschieht in der Versammlung, in der Gemeinschaft der Kirche. Auch wir, Sie und ich, haben in der Taufe und Firmung den Heiligen Geist empfangen und sind von ihm in die Gemeinschaft der Kirche eingefügt worden. Wenn ich Ihnen am Pfingstfest (in der Pfingstzeit) die heilige Kommunion (aus dem Gottesdienst unserer Gemeinde) überbringe, heißt das auch: Sie gehören zu uns in die Gemeinde. Wir denken an Sie, wir sind Ihnen verbunden. Vergessen Sie auch uns nicht. Beten und opfern Sie für unsere Gemeinde, daß Glaube und Liebe in ihr lebendig bleiben.

Und damit stehen wir schon beim zweiten Gedanken: Der Heilige Geist drängt die ersten Jünger und uns zur Bezeugung des Glaubens vor der Welt. Wenn Sie in Ihrer Krankheit nicht mutlos werden, wenn Sie mit Jesus das Kreuz (Ihres Lebens) geduldig tragen, ist das ein eindrucksvolles Glaubenszeugnis für alle Menschen, die Sie besuchen, die von Ihnen hören. Ihr Glaube, Ihr Beten und Opfern wird unserer Gemeinde, ja kann der ganzen Kirche zugute kommen. Denn wir alle sind ja in dem einen Geist verbunden.

ANTWORT

Komm herab, o Heilger Geist,
der die finstre Nacht zerreißt,
strahle Licht in diese Welt.

Komm, der alle Armen liebt,
komm, der gute Gaben gibt,
komm, der jedes Herz erhellt.

Komm, o du glückselig Licht,
fülle Herz und Angesicht,
dring bis auf der Seele Grund.

Ohne dein lebendig Wehn
kann im Menschen nichts bestehn,
kann nichts heil sein noch gesund.

Was befleckt ist, wasche rein,
Dürrem gieße Leben ein,
heile du, wo Krankheit quält.

Wärme du, was kalt und hart,
löse, was in sich erstarrt,
lenke, was den Weg verfehlt. GL 244

FÜRBITTEN

Der Geist Gottes ist uns als Beistand zugesagt. Laßt uns deshalb Gott um die Gaben des Heiligen Geistes bitten, damit die Kirche erneuert wird und zum Zeugnis des Glaubens bereit ist.

Für alle, die nach Wahrheit suchen:
daß sie durch die Kirche zu Gott finden.
Herr, wir rufen zu dir.

> Wir bitten dich, erhöre uns.

Für alle, die im Glauben wankend geworden sind:
daß sie nicht aufhören, für Gott zu leben.
Herr, wir rufen zu dir.

> Wir bitten dich, erhöre uns.

Für unsere Mitmenschen, die Schweres ertragen müssen und mutlos geworden sind:
daß sie Trost und Hilfe finden.
Herr, wir rufen zu dir.

> Wir bitten dich, erhöre uns.

Für alle, die in Feindschaft leben:
daß sie lernen, einander zu verzeihen.
Herr, wir rufen zu dir.

> Wir bitten dich, erhöre uns.

Für die Einsamen und Hilflosen:
daß sie in der Kirche eine brüderliche Gemeinschaft erfahren.
Herr, wir rufen zu dir.

Wir bitten dich, erhöre uns.

Für die vom Leben Enttäuschten:
daß sie Menschen begegnen, die ihnen Freude schenken.
Herr, wir rufen zu dir.

Wir bitten dich, erhöre uns.

Treuer Gott, du hast deinen Gläubigen
die Gabe des Heiligen Geistes geschenkt.
Hilf uns, daß wir deinen Willen erkennen
und deinen Trost erfahren.
Durch Christus, unseren Herrn.

Amen.

KOMMUNION

☐ In der Gemeinschaft aller Christen, die durch Gottes Heiligen Geist zusammengeführt sind, sprechen wir das Gebet des Herrn.

Vater unser...

○ Seht das Lamm Gottes,
das hinwegnimmt die Sünde der Welt.

Herr, ich bin nicht würdig...

Die Liebe Gottes ist ausgegossen in unsere Herzen durch den Heiligen Geist, der uns gegeben ist.

DANKSAGUNG

○ Gütiger Gott, du hast deine Kirche aus allen Völkern zusammengeführt. Erfülle die ganze Welt mit den Gaben des Heiligen Geistes, damit deine göttliche Gnade in unseren Tagen die Herzen der Gläubigen ebenso umwandelt wie in den ersten Zeiten der Glaubensverkündigung. Darum bitten wir durch Christus, unseren Herrn.

Amen.

□○ Der Segen und der Schutz des dreieinigen Gottes, des Vaters und des Sohnes und des Heiligen Geistes, komme auf uns herab und bleibe allezeit bei uns.

   Amen.

17 Gemeinschaft mit dem dreifaltigen Gott

Hochfest der heiligen Dreifaltigkeit

ERÖFFNUNG

□ Die Liebe des Vaters, die Gnade Christi
und die Gemeinschaft des Heiligen Geistes
sei mit uns allen.
Wir feiern das Fest der heiligen Dreifaltigkeit nach Abschluß des Osterfestes, das mit Pfingsten einen letzten Höhepunkt gefunden hat. Das Geheimnis der Dreifaltigkeit zeigt das große Ziel, das den Christen gesetzt ist: Wir sollen leben in der Gemeinschaft mit Gott. Seit unserer Taufe sind wir Kinder des Vaters, Brüder und Schwestern Christi und beschenkt mit dem Heiligen Geist.

SCHULDBEKENNTNIS

□ Wir fragen uns, ob wir aus dem Glauben an die Liebe des Vaters, die Gnade des Sohnes und die Gemeinschaft des Heiligen Geistes unser Leben gestalten?

   Stille

○ Herr, himmlischer Vater,
um uns Gemeinschaft mit dir zu schenken,
hast du dein Wort und deinen Geist in die Welt gesandt.
Gib uns in diesem Sakrament
erneut Anteil an deinem Leben
und mach uns stark,
die Welt zu deiner größeren Ehre zu gestalten.
Durch Christus, unseren Herrn.

   Amen.

Der Glaube an Christus schenkt uns Frieden mit Gott und Gemeinschaft mit dem Heiligen Geist.

Lesung aus dem Brief an die Römer. *Röm 5,2–5*
Durch unseren Herrn Jesus Christus haben wir den Zugang zu der Gnade erhalten, in der wir stehen, und rühmen uns unserer Hoffnung, mit der wir der Herrlichkeit Gottes entgegengehen. Mehr noch, wir rühmen uns ebenso unserer Bedrängnis; denn wir wissen: Bedrängnis bewirkt Geduld, Geduld aber Bewährung, Bewährung Hoffnung. Die Hoffnung aber läßt nicht zugrunde gehen; denn die Liebe Gottes ist ausgegossen in unsere Herzen durch den heiligen Geist, der uns gegeben ist.

Hoffnung in der Bedrängnis

Es gehört zum Christen, daß er sich auf die Herrlichkeit Gottes freuen soll, aber auch auf die Lebensnöte, durch die sein Ende schon in unser Leben hineinragt: die Angst, die Sorge um die Zukunft, die Enttäuschungen, die Leiden, die Krankheiten, die Lebensenge – all das soll auch als Gabe Gottes bejaht werden. Er muß sie als Aufgabe annehmen und in der Hoffnung auf die Zukunft in Christus durchstehen. Christliche Hoffnung ist dabei etwas anderes als ein Sichhinwegtrösten oder -hinwegtäuschen über diese Bedrängnisse. Sie ist vielmehr das mutige Ergreifen der in diesen Bedrängnissen eröffneten Aussicht auf die Herrlichkeit Gottes. Und diese Hoffnung wird uns durch den Geist Christi immer wieder neu vermittelt.

ANTWORT

Ehre sei dem Vater und dem Sohn und dem Heiligen Geist,
    wie im Anfang, so auch jetzt und alle Zeit
    und in Ewigkeit. Amen.

FÜRBITTEN

Laßt uns beten zu Gott, unserem Vater.

Für alle Menschen und Völker:
daß sie lernen, als Kinder des einen Vaters im Himmel in Frieden miteinander zu leben.

Wir bitten dich, erhöre uns.

Für die Mächtigen der Erde:
daß sie ihren Einfluß zum Wohl der Völker nutzen.

Wir bitten dich, erhöre uns.

Für die Armen und Unterdrückten:
daß sie nicht irre werden an der Liebe und Gerechtigkeit Gottes.

Wir bitten dich, erhöre uns.

Für alle Einsamen und Verbitterten:
daß sie Helfer finden, die sie zur Liebe Gottes und der Menschen zurückführen.

Wir bitten dich, erhöre uns.

Für die Kirche:
daß es ihr gelingt, auch in unserer Zeit überzeugend deine Botschaft zu verkünden.

Wir bitten dich, erhöre uns.

Herr, unser Gott, unser Leben kommt von dir
und führt zu dir zurück.
Laß uns die Welt und unser Leben so gestalten,
daß wir ewige Gemeinschaft finden mit dir,
dem Vater, dem Sohn und dem Heiligen Geist.

Amen.

KOMMUNION

☐○ Seht das Lamm Gottes,
das hinwegnimmt die Sünde der Welt.

Herr, ich bin nicht würdig...

Jesus spricht:
Wer mich liebt, bewahrt mein Wort.
Mein Vater wird ihn lieben,
und wir werden zu ihm kommen
und Wohnung bei ihm nehmen.

Großer Gott, wir loben dich;
Herr, wir preisen deine Stärke.
Vor dir neigt die Erde sich
und bewundert deine Werke.
Wie du warst vor aller Zeit,
so bleibst du in Ewigkeit.

Dich, Gott Vater auf dem Thron,
loben Große, loben Kleine.
Deinem eingebornen Sohn
singt die heilige Gemeinde,
und sie ehrt den Heilgen Geist
der uns seinen Trost erweist.   GL 257

SEGENSBITTE

□○ Der allmächtige Vater, der die Welt erschaffen hat,
bewahre uns in seiner Liebe.
Der Sohn, der unser Bruder wurde,
gebe uns Freude an der Gemeinschaft mit Gott.
Der Heilige Geist, der in uns wohnt,
leite uns im Dienst Gottes und der Menschen.
     Amen.

18 Speise auf dem Lebensweg

Fronleichnam

ERÖFFNUNG

Das Fronleichnamsfest ist geprägt von der Freude der Christen,
die sich dankbar der Gegenwart ihres Herrn bewußt sind. (In
unserer Gemeinde wurde diese Freude auch nach außen sichtbar, als wir mit einer Sakramentsprozession durch die Straßen
gezogen sind.) Wir sind eingeladen, das Brot des Lebens zu
empfangen. So dürfen wir von neuem erfahren, daß Christus
uns stärkt auf unserem mühevollen Lebensweg, der einmal ein-
münden soll in die ewige Gemeinschaft bei Gott. Christus be-

gleitet uns, er ist unsere Kraft auf dem Wege. Zu ihm beten wir:

O Herr Jesus Christus,
du hast uns unter den Zeichen von Brot und Wein
das Gedächtnis deines Leidens
und deiner Auferstehung hinterlassen.
Wir bitten dich:
Laß uns diese Zeichen so gebrauchen,
daß wir durch sie erlöst werden.
Dir sei die Ehre in Ewigkeit.

Amen.

SCHULDBEKENNTNIS

O Vor dem Empfang der heiligen Kommunion mahnt uns ein Wort des Apostels Paulus zur Besinnung. Er sagt uns: Es soll sich jeder prüfen, bevor er von dem Brot ißt und aus dem Kelch trinkt. Sonst zieht er sich mit seinem Essen und Trinken die Verurteilung zu.
Das wollen wir in Stille überdenken und Gott um Vergebung unserer Schuld bitten.

Stille

LESUNG

Der Apostel Paulus überliefert seiner Gemeinde, was auch uns mit Christus verbindet: die Feier des Abendmahles zu seinem Gedächtnis.

Lesung aus dem ersten Brief an die Korinther. *1 Kor 11,23–26*
Ich habe vom Herrn empfangen, was ich euch überliefert habe: Jesus, der Herr, nahm in der Nacht, in der er ausgeliefert wurde, Brot, sagte Dank, brach es und sprach: Das ist mein Leib, der für euch hingegeben wird. Das tut zum Gedenken an mich.
Ebenso nahm er nach dem Mahl den Kelch und sprach: Dieser Kelch ist der Neue Bund in meinem Blut. Das tut, sooft ihr daraus trinkt, zum Gedenken an mich. Denn sooft ihr von die-

sem Brot eßt und aus dem Kelch trinkt, verkündet ihr den Tod des Herrn, bis er kommt.

Gedächtnis des Herrn

Deutlich geht aus den Worten des Apostels Paulus hervor, daß wir nicht Herren unseres Glaubens sind, sondern in einer Überlieferung stehen, die auf Christus selber gründet. Wir können nur dankbar entgegennehmen, was er uns schenkt. Am Fronleichnamsfest soll es uns wieder bewußt werden: Der Herr überläßt uns nicht etwas, sondern sich selbst. Er gibt nicht nur Kunde von sich, sondern er teilt sich selbst mit. Er verheißt nicht nur eine Zukunft, sondern das, was einmal sein wird, beginnt schon heute. Wenn wir die Gemeinschaft seines Leibes und Blutes als den Anfang des unzerstörbaren Lebens mit ihm erfahren, dann haben wir bereits den Weg betreten, an dessen Ziel Christus steht, der uns liebevoll aufnehmen wird. Darin gründet die Freude der Kirche am heutigen Festtag, daß die Zukunft Gottes mächtig und verheißungsvoll im menschlichen Leben aufleuchtet. Gewiß, noch sehen wir verhüllende Zeichen, aber doch Zeichen der Gegenwart Gottes.

ANTWORT

O Jesu, all mein Leben bist du,
ohne dich nur Tod.
Meine Nahrung bist du,
ohne dich nur Not.
Meine Freude bist du,
ohne dich nur Leid.
Meine Ruhe bist du,
ohne dich nur Streit.
O Jesu.   GL 472

FÜRBITTEN

☐ Christus, du Sohn des Vaters im Himmel.
    Erbarme dich unser.
Du hast mit deinen Jüngern das heilige Mahl gehalten.
    Erbarme dich unser.

Du gibst auch uns das Brot des Lebens.

Erbarme dich unser.

Laßt uns beten für unsere Stadt (unser Dorf):
Lehre uns, deinen Willen zu erkennen und zu erfüllen.

Wir bitten dich, erhöre uns.

Schenke uns den Geist der Hilfsbereitschaft und Nächsten-
liebe.

Wir bitten dich, erhöre uns.

Führe auch die zum Vater, die den Weg zu dir noch nicht gefunden haben.

Wir bitten dich, erhöre uns.

Allmächtiger, ewiger Gott,
du hast deinen Sohn in die Welt gesandt.
Wir bitten dich:
Segne diese Gemeinde (Stadt) durch seine Gegenwart.
Halte Unheil und Not,
Haß und Neid,
Krankheit, Ärgernis und Sünde
von ihr fern.
Schenke ihr Wohlergehen, Frieden und Eintracht.
Gib, daß alle, die hier wohnen, guten Willens sind
und einst deine Herrlichkeit schauen.

Amen.

KOMMUNION

☐ Mit der Bitte um das tägliche Brot rufen wir zugleich Gott
an um die Speise des Lebens, die Christus selber ist.

Vater unser...

○ Seht das Lamm Gottes,
das hinwegnimmt die Sünde der Welt.

Herr, ich bin nicht würdig...

So spricht der Herr:
○ Wer mein Fleisch ißt und mein Blut trinkt, der bleibt in mir,
und ich bleibe in ihm.

O Herr Jesus Christus, du bist bei mir eingekehrt
und hast mir das Brot des Lebens gereicht.
Ich danke dir für die Speise der Unsterblichkeit.
Führe mich in ihrer Kraft zur Auferstehung.
Bis dahin aber bleibe bei mir, Herr.
Bleibe bei mir mit deiner Gnade und Güte,
mit deinem Trost und Segen.
Bleibe bei mir, wenn ich froh bin.
Bleibe bei mir, wenn ich traurig bin.
Bleibe bei mir in Krankheit und Not.
Bleibe bei mir, wenn der Abend des Lebens herannaht.
Sei dann mein Licht und mein Trost,
meine Nahrung auf dem Weg zu dir.
Dir sei die Ehre in Ewigkeit.

    Amen.

SEGENSBITTE

□O Die Liebe Gottes,
des Vaters und des Sohnes und des Heiligen Geistes,
bleibe in uns und lenke unser Leben.

    Amen.

19 *Gott liebt uns*

Herz Jesu

ERÖFFNUNG

Als Jesus in Galiläa und Judäa das Reich Gottes verkündete,
hat er sich aller Menschen in Liebe angenommen. Auf seinen
Wanderungen sah er, wie sie lebten, arbeiteten, Gutes und
Böses taten. Und er hatte Mitleid mit ihnen, denn sie waren
wie eine Herde ohne Hirt. Jesus ist durch seinen Tod und
seine Auferstehung der gute Hirt der Menschheit geworden.
Der Stoß der Lanze in das Herz des Gekreuzigten will uns ent-
hüllen, daß Jesus in seinem Einsatz für uns das Letzte hergege-
ben hat. Sein Herz ist zum Zeichen seiner grenzenlosen Liebe
geworden. Es erinnert uns daran, daß Christus als unser Mittler
beim Vater lebt und auch uns mit seiner Liebe nahe ist.

SCHULDBEKENNTNIS

Herr Jesus Christus, du bist vom Vater gesandt, zu retten, was verloren war.
Herr, erbarme dich.

> Herr, erbarme dich.

Du bist gekommen, um uns mit Gott zu versöhnen.
Christus, erbarme dich.

> Christus, erbarme dich.

Du lebst nun als unser Anwalt beim Vater.
Herr, erbarme dich.

> Herr, erbarme dich.

O Herr Jesus Christus,
wer sich an dich und dein Wort hält,
der kann nicht verlorengehen,
denn der Vater liebt ihn.
Gib uns Vertrauen in allen Prüfungen des Lebens.
Laß uns hören, was du sprichst,
und tun, was du vorgelebt hast.
So bitten wir mit dem Heiligen Geist
dich, unseren Fürsprecher beim Vater.

> Amen.

LESUNG

Gottes Liebe wartet auf Erwiderung. Liebe kann nur mit Liebe beantwortet werden.

Lesung aus dem ersten Johannesbrief.   *1 Joh 3,20–24*
Wenn das Herz uns auch verurteilt – Gott ist größer als unser Herz, und er weiß alles.
Liebe Brüder, wenn das Herz uns aber nicht verurteilt, haben wir Zuversicht zu Gott; alles, um was wir bitten, empfangen wir von ihm, weil wir seine Gebote halten und tun, was ihm gefällt. Und sein Gebot ist dies: Wir sollen an den Namen seines Sohnes Jesus Christus glauben und einander lieben, wie es seinem Gebot entspricht.
Wer seine Gebote hält, bleibt in Gott und Gott in ihm. Und

102

daß er in uns bleibt, erkennen wir an dem Geist, den er uns gegeben hat.

Gott liebt uns

Unser christlicher Glaube erscheint uns oft wie ein kompliziertes System von Geboten und Verboten, in dem sich nur fachkundige Theologen auskennen. Die Lesung zeigt, daß unser Glaube nur zwei Dinge fordert, die jeder Mensch verstehen kann. Glauben heißt zuerst: sich und sein ganzes Leben Jesus anzuvertrauen. Und zweitens bedeutet es, alle Menschen nach seinem Beispiel zu lieben.

Das Herz Jesu ist Symbol für die Hingabe Jesu an uns Menschen bis zum Letzten. In diesem Herzen haben wir eine Heimat und eine Zuflucht in allen Nöten. Es ist zugleich aber auch die Mahnung, uns die Gesinnung Jesu zu eigen zu machen. Wir sollen und dürfen anderen Menschen die Liebe Gottes bezeugen. Dann wird unser Glaube ein helles Licht in einer dunklen Welt. Dann erkennen unsere Mitmenschen Jesus als die wahre Sonne, von deren Wärme unsere kalte Welt lebt.

FÜRBITTEN

Wir beten zu Jesus Christus, der immer bereit ist, die Menschen mit ihren Sorgen und Nöten anzuhören.

Schenke der Kirche viele Christen, die durch ihr Leben Zeugnis für deine Liebe ablegen.
Christus, höre uns.

Christus, erhöre uns.

Laß alle, die in Leid und Not geraten, deine helfende Nähe erfahren.
Christus, höre uns.

Christus, erhöre uns.

Führe alle Kranken durch ihr Leid näher zu dir.
Christus, höre uns.

Christus, erhöre uns.

Gib allen, die wegen ihres Glaubens verspottet oder verfolgt
werden, Kraft und Ausdauer.
Christus, höre uns.

Christus, erhöre uns.

Mach die Leiden aller verfolgten, gefolterten und ermordeten
Menschen für uns zum Ansporn, an einer besseren Welt mitzu-
arbeiten.
Christus, höre uns.

Christus, erhöre uns.

☐ Herr, himmlischer Vater,
du hast uns in die Gemeinschaft mit deinem Sohn gerufen.
Stärke uns durch sein Wort und Beispiel,
damit wir in allen Gefahren zu ihm aufschauen
und von ihm unser Heil erwarten.
So bitten wir durch Christus, unseren Herrn.

Amen.

KOMMUNION

☐○ Seht das Lamm Gottes,
das hinwegnimmt die Sünde der Welt.

Herr, ich bin nicht würdig...

Jesus spricht:
Gott ist die Liebe.
Wer in der Liebe bleibt,
der bleibt in Gott,
und Gott bleibt in ihm.

DANKSAGUNG

○ Göttliches Herz Jesu, du liebst mich;
mach, daß auch ich dich liebe.
Du denkst immer an mich;
mach, daß auch ich stets deiner gedenke.
Du verschwendest dich an mich;
gib, daß ich mich dir ganz überlasse.
Ergreife Besitz von meinem Herzen,

von meinen Gedanken, von meiner Vorstellungskraft,
von meinem Gedächtnis und von meinem Willen.
Gib, daß ich dich über alles liebe.
Gib, daß ich dich in allem finde.
Gib, daß ich in jeder Hinsicht auf dich vertraue.

Amen.

SEGENSBITTE

□○ Die Liebe Christi stärke und ermutige uns.
Sie gebe uns Geborgenheit
und helfe uns, allen Menschen gut zu sein.

Amen.

20 Maria – Zeichen der Hoffnung

Aufnahme Mariens in den Himmel

ERÖFFNUNG

Weil wir glauben, daß Maria schon ganz bei Gott ist, feiern
wir im Fest ihrer Aufnahme in den Himmel heute die große
Hoffnung und Freude auch unseres Lebens: das kommende
Reich Gottes.

SCHULDBEKENNTNIS

○ Wir wollen Maria bitten,
daß sie bei Gott, unserem Vater,
eintritt für die Vergebung unserer Schuld:

Gegrüßet seist du, Maria, voll der Gnade,
der Herr ist mit dir.
Du bist gebenedeit unter den Frauen,
und gebenedeit ist die Frucht deines Leibes, Jesus.
Heilige Maria, Mutter Gottes,
bitte für uns Sünder
jetzt und in der Stunde unseres Todes.
Amen.

Gütiger Gott,
du hast das Leben der Gottesmutter Maria
(am heutigen Tag) zur Vollendung gebracht.
Wir bitten dich:
Rette uns auf ihre Fürbitte
und schenke auch uns die Krone der ewigen Herrlichkeit.
Durch Christus, unseren Herrn.
    Amen.

LESUNG

*Den Lobgesang der Gottesmutter Maria verstehen wir als
Danklied der ganzen Kirche für das Leben dieser Frau und für
das Erbarmen Gottes mit allen, die glauben wie sie.*

Lesung aus dem heiligen Evangelium nach Lukas. *Lk 1, 46–55*
Meine Seele preist die Größe des Herrn,
und mein Geist jubelt über Gott, meinen Retter.
Denn auf die Niedrigkeit seiner Magd hat er geschaut.
Siehe, von nun an preisen mich selig alle Geschlechter!
Denn der Mächtige hat Großes an mir getan,
und sein Name ist heilig.
Er erbarmt sich von Geschlecht zu Geschlecht
über alle, die ihn fürchten.
Er vollbringt mit seinem Arm machtvolle Taten:
er zerstreut, die im Herzen voll Hochmut sind;
er stürzt die Mächtigen vom Thron
und erhöht die Niedrigen.
Die Hungernden beschenkt er mit seinen Gaben
und läßt die Reichen leer ausgehn.
Er nimmt sich seines Knechtes Israel an
und denkt an sein Erbarmen,
das er unsern Vätern verheißen hat,
Abraham und seinen Nachkommen auf ewig.

Verherrlichung Gottes

*Weil Maria erkannt hat, was Gott ihr, der Kleinen und Armen,
verheißen hat, antwortet sie mit einem Lobgesang auf das Heils-
wirken Gottes an ihrem Volk.*

Selbst in aller Not ist es Aufgabe der Kirche, der Gemeinde und jedes Christen, die gläubige Erfahrung des Heilshandelns Gottes zu loben, zu preisen und dafür Dank zu sagen. So war es schon bei den ersten Christen: „Tag für Tag verharrten sie einmütig im Tempel, brachen in ihren Häusern das Brot und aßen miteinander in Freude und Einfalt des Herzens. Sie lobten Gott..."
(Apg 2, 46 f). Und so ist es in jeder gottesdienstlichen Feier, auch beim Empfang der Krankenkommunion. Über all unseren Schmerz und unsere Sorge hinweg wissen wir uns geborgen in Gottes gütiger Hand, auch wenn uns unbekannt ist, was er im einzelnen noch mit uns vorhat.

ANTWORT

Gegrüßet seist du, Königin, o Maria!
Erhabne Frau und Herrscherin, o Maria!
    Freut euch, ihr Cherubim,
    lobsingt, ihr Seraphim,
    grüßet eure Königin! Salve, Regina.

Du unsre Hoffnung, sei gegrüßt, o Maria!
Die du der Sünder Zuflucht bist, o Maria!
    Freut euch...

O mächtige Fürsprecherin, o Maria!
Bei Gott sei unsre Helferin, o Maria!
    Freut euch...   GL 573

KOMMUNION

○ Wie Maria fest auf Gott vertraut hat,
setzen auch wir unsere Hoffnung auf ihn und beten.
    Vater unser...

Seht das Lamm Gottes,
das hinwegnimmt die Sünde der Welt.
    Herr, ich bin nicht würdig...

Maria sprach:
Der Mächtige hat Großes an mir getan, und sein Name ist heilig.

Wir danken dir, Gott, dafür, daß du bist;
denn du bist der Heilige
und unser Vater in Ewigkeit.

> Lob und Dank sei dir in Ewigkeit.

Wir sagen dir Dank, Herr und Vater.
Du hast uns Maria zum Vorbild der Hoffnung
und die Kirche als Mutter der Gnade gegeben.

> Lob und Dank sei dir in Ewigkeit.

Wir sagen dir Dank, allmächtiger Gott.
Du leitest die Völker nach deinem Plan
und besiegst alle, die Unrecht tun.

> Lob und Dank sei dir in Ewigkeit.

Wir sagen dir Dank, Vater im Himmel:
denn du bist in unserer Mitte,
und dein heiliger Name ist angerufen über uns.

> Lob und Dank sei dir in Ewigkeit.

SEGENSBITTE

O Gott, der uns in Maria
ein Zeichen der Hoffnung gegeben hat,
segne uns durch seinen Sohn
im Heiligen Geist.

> Amen.

21 Zeugen Christi

Allerheiligen

ERÖFFNUNG

Jesus hat uns verheißen, daß nicht die Mächte des Bösen das
letzte Wort haben werden, sondern er und die Seinen. In seinen
Heiligen erweist er diese Macht. Im Blick auf die große Zahl
derer, die durch ihn bereits das Ziel des Lebens erreicht haben,
schöpfen wir Hoffnung auch für unsere Vollendung.

□○ Unsterblicher Gott,
im Gedächtnis an die Erwählung,
das begnadete Leben
und die Verherrlichung aller deiner Heiligen
bitten wir dich:
Laß uns die Macht ihrer Fürbitte erfahren
und schenke uns deine Hilfe.
Durch Christus, unseren Herrn.
Amen.

SCHULDBEKENNTNIS

○ Dir, Herr, allen Heiligen
und untereinander
bekennen wir unser Versagen:
Ich bekenne Gott...

LESUNG

In der Bergpredigt spricht Jesus zuerst allen denen sein Heil zu, die nicht zu den Mächtigen und Siegern dieser Welt gehören.

Lesung aus dem heiligen Evangelium nach Mattäus.

Wohl denen, die vor Gott arm sind;   Mt 5, 3–12
denn ihnen gehört das Himmelreich.
Wohl denen, die trauern;
denn sie werden getröstet werden.
Wohl denen, die keine Gewalt anwenden;
denn sie werden das Land erben.
Wohl denen, die hungern und dürsten nach der Gerechtigkeit;
denn sie werden satt werden.
Wohl denen, die barmherzig sind;
denn sie werden Erbarmen finden.
Wohl denen, die ein reines Herz haben;
denn sie werden Gott schauen.
Wohl denen, die Frieden stiften;
denn sie werden Söhne Gottes genannt werden.
Wohl denen, die um der Gerechtigkeit willen verfolgt werden;
denn ihnen gehört das Himmelreich.

Wohl euch, wenn ihr um meinetwillen beschimpft und verfolgt und auf alle mögliche Weise verleumdet werdet. Freut euch und jubelt: Euer Lohn im Himmel wird groß sein.

Selig seid ihr

Wenn wir die Worte der Bergpredigt hören, wollen wir uns bewußtmachen, daß hinter ihnen die Autorität Gottes steht. Sie widerspricht damit manchen gängigen Maßstäben, die wir kennen, vielleicht sogar übernommen haben. Die Entschiedenheit, mit der Gott auf die Seite der Armen, Trauernden und Verfolgten tritt, darf uns nachdenklich und froh werden lassen. Kann man es deutlicher sagen, daß Gott nicht auf Macht, Ansehen und Ehre schaut? Gott sieht bis in das Herz des Menschen, alle Geheimnisse seines Lebens liegen offen vor ihm. Es wäre sinnlos, uns vor ihm verstellen zu wollen. Versuchen wir deshalb, uns mit unserer Trauer, mit unseren Ängsten und Wünschen, mit der ganzen Kraft unseres Herzens auf ihn zu verlassen. Sein Versprechen nimmt er nicht zurück, er bleibt uns nahe und verheißt uns den ewigen Lohn, der er selbst ist.

ANTWORT

Ihr Freunde Gottes allzugleich,
verherrlicht hoch im Himmelreich,
erfleht am Throne allezeit
uns Gnade und Barmherzigkeit.

   Helft uns in diesem Erdental,
   daß wir durch Gottes Gnad und Wahl
   zum Himmel kommen allzumal.   GL 608

FÜRBITTEN

Wer getauft ist, gehört zur Gemeinschaft der Heiligen. In diesem Bewußtsein bitten wir:

Für die Kirche Gottes auf Erden:
daß sie überall ein Zeichen der Liebe Gottes zu uns ist.

Erhöre uns, Herr, auf die Fürsprache deiner Heiligen.
   Alle Heiligen Gottes, bittet für uns.

Für die Heiligen unter uns:
daß ihre verborgene Güte unsere Hoffnung auf die Erlösung
in Christus stärkt.

Erhöre uns, Herr...

Für die um ihres Glaubens willen Verfolgten:
daß sie die Nähe Gottes und die Fürbitte der Heiligen erfahren.

Erhöre uns, Herr...

Für alle hier im Haus:
daß sie zur Gemeinschaft des ewigen Lebens im Reiche Gottes
zusammenkommen.

Erhöre uns, Herr...

Für unsere Toten:
daß Gott ihnen die Herrlichkeit der Auferstehung schenkt.

Erhöre uns, Herr...

Herr, unser Gott,
wo immer wir dich anrufen, bist du uns nahe.
So bitten wir dich:
Komm allen,
die sich unter den Schutz deiner Zeugen stellen,
zu Hilfe
und bleibe in allen Nöten an ihrer Seite.
Durch Christus, unseren Herrn.

     Amen.

KOMMUNION

☐O Laßt uns beten, wie der Herr uns zu beten gelehrt hat.
     Vater unser...

Seht das Lamm Gottes,
das hinwegnimmt die Sünde der Welt.

     Herr, ich bin nicht würdig...

So spricht der Herr:
Selig, die ein reines Herz haben; denn sie werden Gott schauen.

DANKSAGUNG

O Herr, du bist in diesem Brot,
das wir in der Eucharistiefeier unserer Pfarrgemeinde heute gebrochen haben, zu uns gekommen
und läßt uns alle eins werden –
eins mit den Brüdern und Schwestern unserer Gemeinde,
eins mit allen Christgläubigen dieser Welt,
eins auch mit den Heiligen,
die uns im Zeichen des Glaubens vorangegangen sind.

□ Wir danken dir, Herr,
weil du dein Reich ausbreitest
und uns dein Wort verkünden läßt.

Wir danken dir, Herr,

für deine Kirche, die Mutter aller Heiligen,
zu allen Zeiten und an allen Orten.

Wir danken dir, Herr,

für die große Zahl der Bekenner,
die unsere Fürsprecher sind,
und für alle,
die durch den Tod deines Sohnes
zu deinem Reich berufen sind.

Wir danken dir, Herr,

dafür, daß du auch uns berufen hast
zu deinem königlichen Geschlecht und heiligen Priestertum.

Wir danken dir, Herr,

für die Sakramente,
in denen du uns stärkst und tröstest.

Amen.

SEGENSBITTE

□O Unser Herr Jesus Christus,
der dort lebt,
wo kein Schmerz und keine Trauer mehr sind,
erfülle uns schon jetzt mit seiner Freude
und segne uns.

Amen.

22 *Jesus, Gottes Wahrheit*

Christkönig

Jesus Christus, Gottes Sohn und unser Bruder, ist vom Vater zum König erhoben. Sein Reich wird sichtbar, wo Wahrheit und Gerechtigkeit, Liebe und Frieden von den Menschen Besitz ergreifen. Wir dürfen uns zu ihm bekennen und bitten, daß dieses Reich des Königs Christus sich ausbreitet und wächst.

○ Herr Jesus Christus, du bist der Weg, die Wahrheit und das Leben.

Christus, König, wir vertrauen auf dich.

Wer an dich glaubt und dir nachfolgt, wandelt nicht in Finsternis, sondern wird das Licht des Lebens haben.

Christus, König, wir vertrauen auf dich.

Du wirst einst kommen in Herrlichkeit, Gericht zu halten über Lebende und Tote, und dein Reich wird ohne Ende sein.

Christus, König, wir vertrauen auf dich.

Herr Jesus Christus, wir bitten dich,
erhalte uns in der Treue zu dir,
damit du uns die Krone des Lebens reichen kannst
und wir mit dir herrschen dürfen,
wie du verheißen hast.
Dir sei die Ehre in Ewigkeit.

Amen.

SCHULDBEKENNTNIS

□ Laßt uns Gott um Vergebung bitten,
damit wir Anteil an seinem Reich erhalten.

Erbarme dich, Herr, unser Gott, erbarme dich.

Denn wir haben vor dir gesündigt.

Erweise, Herr, uns deine Huld.

Und schenke uns dein Heil.

Nachlaß, Vergebung und Verzeihung unserer Sünden gewähre uns der allmächtige und barmherzige Herr.

Amen.

LESUNG

Im Verhör vor Pilatus gibt Jesus Zeugnis von seinem König-reich.

Lesung aus dem heiligen Evangelium nach Johannes.

Joh 18, 33–37

Pilatus ging in das Amtsgebäude hinein, rief Jesus und fragte ihn: Bist du der König der Juden? Jesus antwortete: Fragst du das von dir aus, oder haben es dir andere über mich gesagt? Pilatus entgegnete: Bin ich denn ein Jude? Dein eigenes Volk und die Hohenpriester haben dich mir ausgeliefert. Was hast du getan?

Jesus antwortete: Meine Königsherrschaft ist nicht von dieser Welt. Wenn meine Königsherrschaft von dieser Welt wäre, hätten meine Diener gekämpft, damit ich den Juden nicht aus-geliefert würde. Aber meine Königsherrschaft ist nicht von die-ser Welt.

Pilatus sagte zu ihm: Also bist du doch ein König? Jesus ant-wortete: Du sagst es; ich bin ein König. Ich bin dazu geboren und in die Welt gekommen, daß ich für die Wahrheit Zeugnis ablege. Jeder, der aus der Wahrheit ist, hört meine Stimme.

Ich bin ein König

Wenn wir verstehen wollen, was die Kirche am Christkönigsfest feiert, sollten wir uns an die Mosaiken in vielen alten Kirchen erinnern. Da wird Christus dargestellt: auf einem Thron sitzend, als Weltenherrscher. Er trägt weder Krone noch Schwert. In sei-nen Händen hält er das Evangelium, kostbar geschmückt; oft finden wir die Buchstaben Alpha und Omega darauf, die Jesu Anspruch als Anfang und Endziel des ganzen Kosmos symboli-sieren. Jesus ist ein König, aber ein ganz anderer als die Könige dieser Welt. Diese lassen sich bedienen und große Herren nen-nen. Jesus ist zugleich König und Diener der Wahrheit Gottes. Wer die Wahrheit liebt, hört auf seine Stimme. Jesus sucht und sammelt in seinem Reich alle, denen die Weisheit dieser Welt nicht genügt. Am Christkönigsfest bekennen wir mit Petrus:

„Herr, du hast Worte ewigen Lebens. Du bist der Christus, der Sohn des lebendigen Gottes." Und wir bitten: „Herr, gib auch uns einen Platz in deinem Reich."

ANTWORT

Herr Jesus Christus, Sohn des Vaters,
 erbarme dich unser.
Du nimmst hinweg die Sünde der Welt:
 nimm an unser Gebet.
Du sitzest zur Rechten des Vaters:
 erbarme dich unser.
Denn du allein bist der Heilige,
 du allein der Herr,
du allein der Höchste:
 Jesus Christus,
mit dem Heiligen Geist,
 zur Ehre Gottes des Vaters. Amen.

FÜRBITTEN

Laßt uns beten zu unserem Herrn Jesus Christus, der das Reich der Wahrheit unter uns aufgerichtet hat.

Stärke alle, die in deinem Dienst Not und Verfolgung erdulden.
Christus, höre uns.
 Christus, erhöre uns.

Laß alle Lehrer des Glaubens das rechte Wort finden.
Christus, höre uns.
 Christus, erhöre uns.

Schenk uns Vertrauen zu deinem Evangelium.
Christus, höre uns.
 Christus, erhöre uns.

Mach uns bereit, deine Botschaft zu hören und zu befolgen.
Christus, höre uns.
 Christus, erhöre uns.

Zeige uns deinen Sieg über Lüge und Bosheit.
Christus, höre uns.
 Christus, erhöre uns.

□ Herr Jesus Christus, du bist unser Herr und König.
Wahrheit und Frieden hast du uns verheißen.
Erfülle uns mit Freude auf das Reich deiner Herrlichkeit,
wo du mit dem Vater und dem Heiligen Geist
lebst und herrschest in alle Ewigkeit.

Amen.

KOMMUNION

○ Gott lädt uns ein zum Mahl seines Sohnes. Daher sprechen
wir das Tischgebet der Christen.

Vater unser...

□ Seht das Lamm Gottes,
das hinwegnimmt die Sünde der Welt

Herr, ich bin nicht würdig...

Christus spricht:
Wer meine Gebote hat und sie hält, der ist es, der mich liebt.

DANKSAGUNG

□○ Herr Jesus Christus,
du hast uns von der Knechtschaft der Sünde befreit,
in das Reich deiner Wahrheit gerufen
und zur Freiheit der Kinder Gottes geführt.
Hilf, daß die Bosheit keine Macht mehr über uns gewinnt
und wir in dem neuen Leben wandeln,
das du uns immer wieder schenkst.
Gib uns die Kraft, der Wahrheit zu dienen
und den Willen deines Vaters zu erfüllen.
Dir sei die Ehre in Ewigkeit.

Amen.

SEGENSBITTE

○□ Der Segen des allmächtigen Gottes,
des Vaters und des Sohnes und des Heiligen Geistes,
komme auf uns herab und bleibe alle Zeit bei uns.

Amen.

3. Thematische Kommunionfeiern

23 Sein Kreuz tragen

Kreuzesnachfolge heißt nicht, das Leid suchen.
Auch Jesus hat es nicht gesucht, es wurde ihm aufgezwungen,
Leidensnachfolge Jesu heißt Tragen gerade meines Leids.
Wer mit Jesus gehen will, muß sein eigenes Kreuz auf sich neh-
men und ihm nachfolgen.
Das gewöhnliche, das normale Leid müssen wir ertragen, das
Kreuz des Alltags.

○ Vater im Himmel,
das Kreuz hat deinem Sohn Leid gebracht
und ist doch zu einem Zeichen der Erlösung für uns geworden.
Gib uns die Kraft,
wie er das Kreuz unseres eigenen Lebens zu tragen
und es auch anderen tragen zu helfen.
Durch ihn, Christus, unseren Herrn.

    Amen.

SCHULDBEKENNTNIS

○ Herr, wir bitten dich um Nachsicht für uns, denn wir wollen
unser Kreuz oft nur widerwillig tragen.
Herr, erbarme dich.

    Herr, erbarme dich.

Laß uns die Kraft finden, unseren Lebensweg weiterzugehen,
auch wenn wir den Sinn unseres Leids oft nicht einsehen.
Christus, erbarme dich.

    Christus, erbarme dich.

Laß nicht zu, daß wir an der Härte unseres Lebens verzweifeln.
Herr, erbarme dich.

    Herr, erbarme dich.

Jesus hat denen, die leiden müssen, seine Nähe zugesagt. In den Schwachen erweist sich seine Stärke.

Lesung aus dem zweiten Brief an die Korinther. *2 Kor 1, 3–5*
Gepriesen sei der Gott und Vater unseres Herrn Jesus Christus, der Vater des Erbarmens und der Gott allen Trostes. Er tröstet uns in all unserer Not, damit auch wir die Kraft haben, alle zu trösten, die in Not leben, durch den Trost, mit dem auch wir von Gott getröstet werden.
Wie uns nämlich die Leiden Christi überreich zuteil geworden sind, so wird uns durch Christus auch überreicher Trost zuteil.

Gott tröstet

Auch wenn es uns in unserem Leid oft schwerfällt, das zu glauben: Gott ist der Tröstende und Erbarmende. Die Bibel spricht viel von Not und Bedrängnis gerade der Gerechten und Frommen. Sie beschönigt da nichts. Zugleich aber sind die Vollendeten Gottes immer die, die aus großer Bedrängnis kommen (Offb 7,14). In der Gemeinschaft des Glaubens ist keiner allein in seinem Leid, ja er wird dadurch in besonderer Weise Christus ähnlich, kommt ihm nahe. Von seinem mit Leiden gezeichneten Leib und Leben sagt Paulus, daß er „die Zeichen Jesu an seinem Leib trage" (Gal 6,17), ja daß „immer das Todesleiden Jesu an unserm Leib sichtbar wird" (2 Kor 4,10). Wer die Gemeinschaft des Leidens Christi erfährt, hat aber auch Teil an der Kraft seiner Auferstehung. In der Leidensgemeinschaft vollzieht sich die Lebensgemeinschaft mit Christus: „So lebe nun nicht mehr ich, sondern Christus lebt in mir" (Gal 2,20).

ANTWORT

Der Herr ist mein Licht und mein Heil:
Vor wem sollte ich mich fürchten?
    Herr, du bist meine Zuversicht.

Der Herr ist die Kraft meines Lebens:
Vor wem sollte ich bangen?
    Herr, du bist meine Zuversicht.

Harre auf den Herrn und sei stark!
Hab festen Mut und harre auf den Herrn!
Herr, du bist meine Zuversicht.

FÜRBITTEN

Herr Jesus Christus,
wir bitten dich.

Für die Leidenden:
daß sie Helfer finden und nicht verbittern.
Christus, höre uns.
Christus, erhöre uns.

Für alle Kranken:
daß sich ihre Schmerzen bessern und sie Heilung erlangen.
Christus, höre uns.
Christus, erhöre uns.

Für die Einsamen und Vergessenen:
daß sie nicht mutlos werden und Zeichen deiner Güte erfahren.
Christus, höre uns.
Christus, erhöre uns.

Für alle Sterbenden:
daß du ihnen in ihrer letzten Stunde beistehst und sie in dein
Reich holst.
Christus, höre uns.
Christus, erhöre uns.

□ Herr, unser Gott,
dein Sohn ist uns den Weg des Kreuzes vorangegangen,
und du hast ihn zu deiner Rechten erhöht.
Leite unseren Lebensweg nach deinem Willen,
damit wir zu dir gelangen und dich preisen.
Dir sei die Ehre in Ewigkeit.
Amen.

KOMMUNION

□○ Seht das Lamm Gottes,
das hinwegnimmt die Sünde der Welt.

Herr, ich bin nicht würdig...

Wie dieses Brot aus vielen Körnern eins wurde,
so führt dieses Sakrament die Kirche
von allen Enden der Erde zusammen
zu einem Leib,
zu einem Glauben,
zu einer Liebe,
zu einer Hoffnung
in Christus, unserem Herrn.

DANKSAGUNG

□ Wir loben und preisen dich, Herr am Kreuz,
weil du Leid und Not der Welt für uns getragen hast.

Wir danken dir, Herr.

Weil du allen, die um deines Namens willen leiden, unaufhörliches Leben bei dir zugesagt hast.

Wir danken dir, Herr.

Weil du uns Hoffnung gibst, durch unser eigenes Leid das Böse
und den Tod zu überstehn.

Wir danken dir, Herr.

Leid, Schmerz und Enttäuschung
begleiten uns durch dieses Leben.
Laß uns in den Stunden der Not dir vertrauen
und in der Gemeinschaft dieses Mahles
deine Nähe stets neu erfahren
durch die Liebe deines Heiligen Geistes
und die Liebe, die wir einander schenken.

Amen.

□○ Gott gebe uns, was gut für uns ist.
Er mache uns stark, damit wir seinen Willen tun können.
Er führe uns, wohin er uns haben will.
Im Namen des Vaters und des Sohnes und des Heiligen Geistes.
  Amen.

24 Dein Wille geschehe

ERÖFFNUNG

○ Herr, du bist allen nahe, die zu dir rufen.
Du weißt um uns, ob wir krank oder gesund sind.
Alle unsere Wege sind dir vertraut.
So komm mit deiner Kraft und bleib bei uns.

SCHULDBEKENNTNIS

An den Seligpreisungen prüfen wir unser Gewissen.
Selig die Sanftmütigen!
Begegne ich dem Nächsten mit Geduld, Verständnis, Güte?
Wie denke ich über die anderen, wie äußere ich mich über sie?

Selig die Barmherzigen; denn sie werden Barmherzigkeit erlangen!

Wie verhalte ich mich zu den Forderungen Christi:
Tut Gutes denen, die euch hassen;
betet für die, die euch verleumden?
Bekämpfe ich Neid und Eifersucht bei mir?

Selig, die ein reines Herz haben; denn sie werden Gott sehen!
Halte ich mich frei von Vorurteilen?
Denke ich an mich selbst zuerst?

Selig, die Frieden stiften; denn sie werden Söhne Gottes genannt werden!
Bemühe ich mich um Frieden, in der Familie
und mit wem immer ich zusammenkomme?
Vermeide ich Streit?

In der Stunde des Abschieds bittet Jesus für uns den Vater,
damit wir alle das Heil erreichen.

Lesung aus dem heiligen Evangelium nach Johannes.

Joh 17, 1a. 24–26

Jesus erhob seine Augen zum Himmel und sprach:
Vater, ich will, daß alle, die du mir gegeben hast, dort bei mir
sind, wo ich bin. Sie sollen meine Herrlichkeit schauen, die du
mir gegeben hast, weil du mich geliebt hast vor Beginn der
Welt.
Gütiger Vater, die Welt hat dich nicht erkannt, aber ich habe
dich erkannt, und sie haben erkannt, daß du mich gesandt hast.
Ich habe ihnen deinen Namen kundgetan und werde ihn kund-
tun, damit die Liebe, mit der du mich geliebt hast, in ihnen
ist und damit ich in ihnen bin.

Leben aus der Liebe Gottes

Die Welt und das menschliche Leben enthalten viel Rätselhaftes,
Dunkles, Beängstigendes. Wer kann uns deuten, was uns un-
durchschaubar scheint? Viele Antworten sind versucht worden,
können sie uns befriedigen? Wenn wir uns an das Wort Christi
halten, wird uns ein Weg aufgezeigt, der auf Vertrauen beruht.
Gewiß, uns wird nicht zugesagt, daß jede Frage unseres Lebens
schon jetzt restlose Antworten erhält. Aber eines dürfen wir er-
fahren, daß die Gemeinschaft mit Christus Kraft und Ausdauer
verleiht. In seiner Nähe lernen wir, Gott ist größer als unser Herz.
Wo wir verzagt sind, deutet Christus auf die Liebe Gottes zu uns.
Nichts kann sie unwirksam machen. Der Liebe sind keine Gren-
zen gesetzt, dafür steht Christus ein, denn er wurde vom Vater
gesandt, damit wir erkennen und glauben, daß Gott die Liebe ist.

Danket dem Herrn, denn er ist gut.

Danket dem Herrn, denn er ist gut.

Ich rief zum Herrn in meiner Bedrängnis,
und er hat mich erhört.

Danket dem Herrn, denn er ist gut.

Meine Stärke und meine Kraft ist der Herr,
denn er ist mir zum Retter geworden.
>Danket dem Herrn, denn er ist gut.

Ich werde nicht untergehn, sondern leben
und die Werke des Herrn verkünden.
>Danket dem Herrn, denn er ist gut.

FÜRBITTEN

Unser Herr Jesus Christus hat uns verheißen:
Wo zwei oder drei in meinem Namen versammelt sind, bin ich
mitten unter ihnen.
Deshalb rufen wir zu ihm.

Herr, stärke die Kirche und alle Christen, die auf dich vertrauen, mit deiner Kraft.
Christus, höre uns.
>Christus, erhöre uns.

Gib allen, die Not leiden, die Erfahrung deiner Güte.
Christus, höre uns.
>Christus, erhöre uns.

Tröste alle Kranken, besonders die, denen es noch schlimmer
geht als mir.
Christus, höre uns.
>Christus, erhöre uns.

Uns selbst gib Kraft durch dein Wort und Sakrament.
Christus, höre uns.
>Christus, erhöre uns.

KOMMUNION

Wir beten zu Gott, dem Vater aller Menschen:
>Vater unser im Himmel.

Dir sei Ehre, Dank und Lob durch unser Leben:
>Geheiligt werde dein Name.

Wenn wir aufhören, zu hassen und zu streiten, und zu lieben beginnen, dann ist dein Reich in uns:

Dein Reich komme.

Setze deinen Willen durch, denn du bist weitblickender als wir:

Dein Wille geschehe, wie im Himmel so auf Erden.

Gib allen zu essen, die Hunger haben, und allen Hunger, die übersättigt sind:

Unser tägliches Brot gib uns heute.

Wer viel liebt, dem wirst du auch viel vergeben:

Und vergib uns unsere Schuld,
wie auch wir vergeben unsern Schuldigern.

Wer heute steht, kann schon morgen fallen. Bewahre uns dein Heil:

Und führe uns nicht in Versuchung.

Bewahre uns vor dem endgültigen Tod durch unsere Schuld:

Sondern erlöse uns von dem Bösen.

Denn dein ist das Reich und die Kraft und die Herrlichkeit in Ewigkeit:

Amen.

○ Seht das Lamm Gottes,
das hinwegnimmt die Sünde der Welt.

Herr, ich bin nicht würdig...

Jesus Christus sagt:
Kommt, ihr Mühseligen und Beladenen.
Ich will euch das Leben geben.

DANKSAGUNG

○ Herr, wir wollen deinen Willen tun.
Nimm hin, Herr, unseren Leib,

damit wir seine Schwächen geduldig ertragen.

Nimm hin, Herr, unseren Geist,

damit wir immer fester an dich glauben.

Nimm hin, Herr, unser Herz,
  damit wir dich über alles lieben.

Nimm hin, Herr, unseren Willen,
  damit wir deinen Willen erfüllen.

Nimm hin, Herr, unsere Freiheit,
  damit wir uns für dich entscheiden.

Nimm hin, Herr, unsere Kräfte,
  damit wir dir mit unserem Leben dienen.

Nimm hin, Herr, unser Kreuz und Leid,
  damit es Frucht bringt für unser Heil.

Nimm hin, Herr, alles, was wir sind und haben.
  Amen.

SEGENSBITTE

○ Der Herr segne und behüte uns.
Der Herr habe Erbarmen mit uns
und bleibe bei uns in aller Krankheit.
  Amen.

25 Einheit der Christen

ERÖFFNUNG

In seinem Tod und seiner Auferstehung hat Christus die Sünde
entmachtet. In seinem Leib hat er Einheit und Frieden gestiftet.
Er hat uns das eine Brot gegeben, damit wir eine Gemeinschaft
sind.

○ Herr, unser Gott,
du hast durch das Kreuz
und die Auferweckung deines Sohnes
alle Menschen mit dir versöhnt,
um sie in deiner Gemeinde zu sammeln.
Heile unsere Blindheit, damit wir erkennen,
wo durch unsere Schuld Unfriede entsteht.

Überwinde unsere Vorurteile den anderen gegenüber.
So werden wir zusammenwachsen in der Einheit
durch Jesus Christus, unseren Herrn.

Amen.

SCHULDBEKENNTNIS

Herr Jesus Christus,
du hast gebetet, daß alle deine Jünger vollkommen eins sind,
wie du in deinem Vater und dein Vater in dir.
Herr, erbarme dich.

Herr, erbarme dich.

Du hast zu deinen Aposteln gesagt:
Frieden hinterlasse ich euch,
meinen Frieden gebe ich euch.
Christus, erbarme dich.

Christus, erbarme dich.

Sieh nicht auf unsere Sünden, sondern auf den Glauben deiner
Kirche.
Herr, erbarme dich.

Herr, erbarme dich.

LESUNG

*Jesus wünscht die Einheit aller Christen, die im Hören auf sein
Wort beginnt.*
Lesung aus dem heiligen Evangelium nach Johannes.

Joh 15, 1–4

Jesus sprach: Ich bin der wahre Weinstock, und mein Vater ist
der Winzer. Jeden Rebzweig an mir, der keine Frucht bringt,
schneidet er ab, und jeden Rebzweig, der Frucht bringt, reinigt
er, damit er mehr Frucht bringen kann. Ihr seid schon durch
das Wort rein, das ich zu euch gesprochen habe.
Bleibt in mir, dann bleibe ich in euch. Wie der Rebzweig aus
sich keine Frucht bringen kann, sondern nur, wenn er am
Weinstock bleibt, so könnt auch ihr keine Frucht bringen, wenn
ihr nicht in mir bleibt.

Bleibt in mir

Dem Christen ist in der Gemeinschaft mit Christus der ganze Trost der göttlichen Heilszusage angeboten. Wer das Wort Jesu in sich einläßt und danach handelt, der ist schon „rein". Die „Frucht" ist dann Treue und Ehrfurcht gegen Gott, die sich in Gerechtigkeit und Liebe gegen den Nächsten bewähren muß. Auch in der Rede vom Weinstock geht es um das eine, neue Gebot: „Liebt einander, wie ich euch geliebt habe" (Joh 15,12). Und hierin erweist sich auch die Gemeinschaft mit Christus: „Ihr seid meine Freunde, wenn ihr tut, was ich euch auftrage" (Joh 15,14).

„Ihr seid bereits rein" ist ein ermutigendes und tröstendes Wort. Wir sind erwählt und angenommen, so wie wir sind: mit unserer Ängstlichkeit und aller falschen Sicherheit. Zugleich erhalten wir den rechten Maßstab für unser Tun: kein aktivistisches und betriebsames Tatchristentum, aber auch keine Mitmenschlichkeit ohne Verbindung mit Christus, und auch keine reine Innerlichkeit, die nicht zum Tun führt!

FÜRBITTEN

○ Um die Einheit aller Christen und Kirchen
rufen wir zu dir, Vater, und bitten dich:

> Herr, erhöre uns.

Um den Frieden auf der ganzen Erde und die Einheit der Menschen
rufen wir zu dir und bitten dich:

> Herr, erhöre uns.

Um den Frieden in allen Herzen und um die Kraft der Geduld und Verzeihung
rufen wir zu dir und bitten dich:

> Herr, erhöre uns.

Um die Gemeinschaft mit dir in dem einen Brot
rufen wir zu dir und bitten dich:

> Herr, erhöre uns.

☐ Vater, sammle deine Kirche
und vereine sie unter deinem Sohn,
damit die Welt dich erkennen kann
durch das sichtbare Zeichen
deiner im Heiligen Geist geeinten Gemeinde.
 Amen.

KOMMUNION

☐ Erhöre uns auch, Vater, wenn wir zu dir rufen mit den Bitten
deines Sohnes:
 Vater unser ...

○ Seht das Lamm Gottes,
das hinwegnimmt die Sünde der Welt.
 Herr, ich bin nicht würdig ...

Das Brot, das wir brechen, gibt Gemeinschaft mit dem Leib
Christi. Weil das Brot eines ist, bilden wir alle zusammen einen
Leib; denn alle haben wir Anteil an dem einen Brot.

DANKSAGUNG

☐ Herr, mach mich zu einem Werkzeug deines Friedens,
daß ich liebe, wo man haßt;
daß ich verzeihe, wo man beleidigt;
daß ich verbinde, wo Streit ist;
daß ich die Wahrheit sage, wo Irrtum ist;
daß ich Glauben bringe, wo Zweifel droht;
daß ich Hoffnung wecke, wo Verzweiflung quält;
daß ich Licht entzünde, wo Finsternis regiert;
daß ich Freude bringe, wo der Kummer wohnt.
Herr, laß mich trachten,
nicht, daß ich getröstet werde, sondern daß ich tröste;
nicht, daß ich verstanden werde, sondern daß ich verstehe;
nicht, daß ich geliebt werde, sondern daß ich liebe;
Denn wer sich hingibt, der empfängt;
wer sich selber vergißt, der findet;
wer verzeiht, dem wird verziehen;
und wer stirbt, der erwacht zum ewigen Leben.   GL 29,6

□○ Der Friede Gottes sei immer in uns.
Gute Freunde mögen uns in Freud und Leid begleiten.
In Krankheit und Not wollen wir uns nicht verlieren,
vielmehr an das Ziel unseres Weges denken
und Gott entgegengehen.
So segne, führe und beschütze uns:
Gott, der Vater,
Gott, der Sohn,
und Gott, der Heilige Geist.

 Amen.

26 Frieden

ERÖFFNUNG

○ Gott hat uns in seinem Sohn Jesus Christus den Frieden zu-
gesagt. Die Welt aber kennt immer noch Streit und Haß,
Krankheit und Armut, Verachtung und Ungerechtigkeit. Zu
ihm, der alle Trennung unter uns aufhebt, rufen wir:
Jesus Christus, du Herr der Menschheit.
Herr, erbarme dich.

 Herr, erbarme dich.

Du einst, was getrennt ist.
Herr, erbarme dich.

 Herr, erbarme dich.

Jesus Christus, du Bruder aller Menschen.
Christus, erbarme dich.

 Christus, erbarme dich.

Du machst uns zu Kindern des einen Vaters.
Christus, erbarme dich.

 Christus, erbarme dich.

Jesus Christus, du Freund der Verachteten.
Herr, erbarme dich.

 Herr, erbarme dich.

Du rufst uns, dir zu folgen.
Herr, erbarme dich.

 Herr, erbarme dich.

Herr Jesus Christus,
wir bekennen dich als Hoffnung der Welt
und bitten dich:
Stärke unsere Verantwortung füreinander,
damit wir zum Entstehen einer neuen Erde beitragen, die du
begründet hast.
Der du lebst und herrschest in alle Ewigkeit.

Amen.

SCHULDBEKENNTNIS

☐ Gütiger Gott, sei uns gnädig
und verzeih uns unser Versagen.
Bewahre uns vor allem Bösen.
Stärke uns im Guten und schenke uns deinen Frieden.
Durch Christus, unseren Herrn.

Amen.

LESUNG

*Nur wenn wir auch die zu verstehen suchen, bei denen uns
das unmöglich scheint, können wir dem Frieden Gottes zum
Durchbruch in unserer Welt verhelfen.*

Lesung aus dem heiligen Evangelium nach Mattäus.

Mt 5, 43–48

Jesus sagte: Ihr habt gehört, daß gesagt worden ist: Du sollst
deinen Nächsten lieben und deinen Feind hassen. Ich aber sage
euch: Liebt eure Feinde und betet für die, die euch verfolgen,
damit ihr Söhne eures Vaters im Himmel werdet; denn er läßt
seine Sonne aufgehen über Bösen und Guten, und er läßt reg-
nen über Gerechte und Ungerechte.
Denn wenn ihr nur die liebt, die euch lieben, welchen Lohn
könnt ihr dafür erwarten? Tun das nicht auch die Zöllner? Und
wenn ihr nur eure Brüder grüßt, was tut ihr damit Besonderes?
Tun das nicht auch die Heiden? Ihr sollt also vollkommen sein,
denn auch euer himmlischer Vater ist vollkommen.

Die vollkommene Liebe

*Wie oft erleben wir, daß Liebe und gegenseitiges Verstehen selbst
in der Familie schwerfallen. Oft prallen die gegensätzlichen Mei-
nungen von Mann und Frau, Eltern und Kindern aufeinander,*

und die Familie wird leicht zu einem Ort des Unfriedens. Jesus fordert die Liebe zu allen Menschen. Dabei hält er die Liebe zu denen, die uns lieben, für selbstverständlich. Sein Gebot beginnt eigentlich erst da, wo wir mit Menschen Meinungsverschiedenheiten haben. Unsere Liebe soll auch die umfassen, die uns unsympathisch, gleichgültig, feindlich sind, die uns ihre Liebe oder Hilfe verweigern. Ist Jesu Liebesgebot nicht unmenschlich, ist es überhaupt zu erfüllen? Woher nimmt er das Recht, uns solche Forderungen zu stellen? –

Jesus ruft zur Liebe auf zu allem, was Menschenantlitz trägt, im Blick auf den Vater im Himmel. Er liebt alle Menschen; keinem verweigert er seine Wohltaten. Alle Menschen sind Kinder der einen Menschheitsfamilie Gottes. In dieser Familie soll der Friede Gottes herrschen.

Lassen wir uns in der Begegnung mit Christus seinen Frieden schenken. Und da, wo wir gegen die Liebe gefehlt haben, bitten: Vergib uns unsere Schuld, wie auch wir vergeben.

FÜRBITTEN

Das Wort des Evangeliums fordert von uns, was wir aus eigener Kraft nicht leisten können: den Mitmenschen so zu lieben wie uns selbst. So wenden wir uns durch Christus voll Zuversicht an unseren Vater im Himmel und bitten:

Für alle christlichen Gemeinden:
daß sie das Gottesreich des Friedens ihren Mitmenschen verkünden und nach dieser Botschaft leben.
Gott, unser Vater, höre uns.

Wir bitten dich, erhöre uns.

Für unsere Gemeinde:
daß sie die Kraft findet, untereinander und an unserem Ort den Frieden zu verwirklichen.
Gott, unser Vater, höre uns.

Wir bitten dich, erhöre uns.

Für uns alle:
daß wir Geduld miteinander haben und Verständnis füreinander aufbringen.
Gott, unser Vater, höre uns.

Wir bitten dich, erhöre uns.

131

Für alle Kranken:
daß sie nach ihren Möglichkeiten anderen in ihrer Not beistehen.
Gott, unser Vater, höre uns.

Wir bitten dich, erhöre uns.

Gütiger Vater,
du willst dein Reich des Friedens durch unser Tun errichten.
Gib uns den Mut,
Frieden in unserer Umgebung zu schaffen,
damit dein Friede auf der ganzen Welt möglich wird.
Durch Christus, unseren Herrn.

Amen.

KOMMUNION

☐○ Gott lädt uns zu seinem Mahl.
Wir sprechen das Tischgebet:

Vater unser...

Seht das Lamm Gottes, das hinwegnimmt die Sünde der Welt.
Herr, ich bin nicht würdig...

Selig, die Frieden stiften; denn sie werden Söhne Gottes genannt werden.

DANKSAGUNG

☐ Im Frieden dein, o Herre mein,
laß ziehn mich meine Straßen.
Wie mir dein Mund gegeben kund,
schenkst Gnad du ohne Maßen,
hast mein Gesicht das selge Licht,
den Heiland, schauen lassen.   GL 473

SEGENSBITTE

☐○ Der Gott des Friedens sei mit uns allen.
Alle Friedfertigen sind Kinder des himmlischen Vaters.
So bewahre der Friede Gottes
unsere Herzen und Sinne in Christus Jesus,
unserem Herrn.

Amen.

4. Kommunionfeier für Kinder

27 *Gott lädt alle Menschen zu sich ein*

Für Kinder vom 5. bis 8. Lebensjahr

Diese Texte gehen davon aus, daß Eltern (aber auch Gemeindereferentinnen usw.) dem kranken Kind die Kommunion mitbringen. Manches wird sich dabei nur gesprächsweise vollziehen lassen, da das Kind sicher Zwischenfragen stellen wird. Es ist zu beachten, daß ein Kind wohl überfordert ist, wenn alle Elemente verwendet werden. Es gilt auszuwählen.

ERÖFFNUNG

Wir denken jetzt an Jesus.
Er ist bei uns, wenn wir sein Brot essen.
Er ist allen denen besonders nahe,
die Hilfe brauchen:
den Kleinen, den Schwachen und den Kranken.
Wir danken dir, Jesus,
daß du uns nicht allein läßt.
Du bist immer da.

SCHULDBEKENNTNIS

Herr Jesus, du kennst uns ganz genau:
die Mutti, den Vati, die..., den...
Höre uns rufen:

    Herr, erbarme dich.

Herr Jesus, du weißt,
manchmal zanken wir miteinander.
Manchmal sind wir böse.
Nicht nur die Kinder, auch die Eltern.
Jetzt möchte jeder dem anderen verzeihen.
Dann verzeihst du auch uns.
Höre uns rufen:

    Herr, erbarme dich.

Herr Jesus, du weißt,
daß alle Menschen immer wieder Unrechtes tun.
Und doch möchten wir uns vertragen
und Frieden halten.
Herr, hilf uns und höre uns rufen:
    Herr, erbarme dich.

LESUNG/ERZÄHLUNG

Jesus hat gesagt, daß wir einmal mit ihm bei Gott, unserem
Vater, in der Herrlichkeit des Himmels leben werden. Dann
wird unsere Freude so groß sein, wie wir es uns jetzt noch gar
nicht vorstellen können.
Darum vergleicht Jesus unser Leben bei Gott mit einem großen
Festmahl, bei dem alle froh und glücklich sind. Er sagt: „Das
Himmelreich gleicht einem König, der seinem Sohn die Hoch-
zeit bereitet.‟

Oder:
Am Abend vor seinem Leiden will Jesus noch einmal mit seinen
Jüngern gemeinsam essen. Alle zusammen sind wie eine große
Familie.
Beim Essen nimmt Jesus Brot, er lobt den Vater im Himmel.
Dann bricht er das Brot. Er gibt es seinen Jüngern und sagt:
„Nehmt und eßt alle davon. Denn das ist mein Leib.‟
Jesus will, daß die Menschen immer dieses Mahl mit ihm halten
können. Darum sagt er: „Sooft ihr dies tut, tut es zu meinem
Gedächtnis.‟
Wir alle sind eingeladen, du, Vati und Mutti, deine Kameraden
und alle Menschen, die an ihn glauben und seine Jünger sein
wollen.
Wie wir hier um seinen Tisch versammelt sind, so sollen wir
auch einst gemeinsam an seinem himmlischen Hochzeitsmahl
teilnehmen.

FÜRBITTEN

Wir beten zu Gott, der alle Menschen zum Mahl seines Sohnes
einlädt.

Für die Menschen, die Gottes Einladung nicht hören:
daß sie merken, wie Gott sie beschenken will.

> Herr, hilf allen.

Für die vielen, die einsam sind:
daß wir uns um sie kümmern und an unseren Tisch holen.

> Herr, hilf allen.

Für unsere Freunde und Nachbarn:
daß wir und sie ohne Streit und Zank miteinander auskommen.

> Herr, hilf allen.

Für alle Kinder, die Not leiden durch den Krieg in ...,
durch den Hunger in ...:
daß Gott ihnen hilft und sie tröstet.

> Herr, hilf allen.

Für unsere(n) kranke(n) ...:
daß er (sie) bald wieder ganz gesund wird.

Herr und Gott,
hilf uns und allen Menschen,
deine Einladung zu hören und dir zu folgen.

> Amen.

KOMMUNION

Wenn das Kind das Vaterunser kennt, kann dies als Tischgebet hier eingefügt werden.

Empfange Jesus Christus in diesem Brot.
Er bleibe immer bei dir.

> Amen.

DANKSAGUNG

Jesus, ich danke dir.
Ich freue mich sehr.
Ich lobe dich, weil du mich liebst.
Hilf mir bitte, Jesus,
damit ich zu dir komme.

Beschütze meine Eltern
und meine Geschwister und mich.
    Amen.

SEGENSBITTE

Es segne uns der Vater und der Sohn und der Heilige Geist.
    Amen.

Bleib bei uns, Herr, mit all deinen Gaben.
Bleib bei uns bis ans Ende der Zeit.
Viele Tage und Stunden, Sekunden, Gedanken:
du stehst zur Hilfe bereit.

III

Hausmesse mit Kranken

Zur Form der Hausmesse mit Kranken

Wenn schon die Eigenart und Gegebenheit jeder Gemeinde bei der Gestaltung der Meßfeier zu berücksichtigen sind (vgl. Allgemeine Einführung in das neue Meßbuch Art. 3; 5), dann gilt das erst recht von der kleinen Gemeinde von Angehörigen, Freunden, Nachbarn, Krankenschwestern usw., die sich um einen Kranken zusammen mit einem Priester zur Feier der Eucharistie versammelt. Eine solche Meßfeier ist ihrem Wesen und ihrer äußeren Gestalt nach genau dasselbe wie die Eucharistiefeier der Großgemeinde: Gedächtnisfeier des Todes und der Auferstehung Jesu Christi, mit dem die feiernde Gemeinde in Mahl und Opfer engste Gemeinschaft erhält. Anpassungen an die Hausgemeinde, die eventuell wegen des Zustandes des Kranken notwendig sind, sollten daher nur an nicht wesentlichen Riten der Meßfeier vorgenommen werden. Sie müssen die bewußte, tätige und volle Teilnahme des Kranken und der übrigen Anwesenden fördern, wie es die Richtlinien der Deutschen Bischofskonferenz für Meßfeiern kleiner Gemeinschaften vom 24. 9. 1970, die Weisungen der Schweizer Bischofskonferenz „Meßfeier für bestimmte Personenkreise und in Gruppen", Zürich 1971, sowie die entsprechenden Richtlinien der Österreichischen Bischofskonferenz vom 1. 7. 1971 und des Bischofs von Luxemburg zu Recht verlangen. Es geht um dieselbe Haltung, die „Die Feier der Krankensakramente" dem Spender nahelegt (S. 36, Nr. 40, 41).

Dieses Buch enthält daher nicht nur die Messe für Kranke, sondern auch Gebetstexte mit Kranken, die stärker die verschiedene Situation des einzelnen Kranken ausdrücken und daher sorgfältig ausgewählt werden müssen. Bei der Erarbeitung der vorliegenden Auswahl der Orationen haben die Bearbeiter sich an die Weisungen der Schweizer Bischofskonferenz von 1971 gehalten, die dazu sagt: „Bei den Orationen des Missale ist es möglich, jene auszuwählen, die der jeweiligen gottesdienstlichen Versammlung am besten entsprechen. Nötigenfalls sind die Gebetstexte mit Rücksicht auf die Mitfeiernden und das Thema der Meßfeier anzupassen. Unter Umständen ist es angezeigt, für eine bestimmte Feier neue Texte zu schaffen, was

mit der nötigen Sachkenntnis und Sorgfalt geschehen soll"
(Nr. 3).

ERÖFFNUNG

Die Eröffnung sollte nur die wesentlichen Elemente umfassen:
Begrüßung, eine kurze, situationsgerechte Einführung, das
Allgemeine Schuldbekenntnis (wenn die sakramentale Einzel-
beichte des Kranken nicht vorausging) und das Tagesgebet.
Diese Elemente dürfen nicht zusammenhanglos nebeneinan-
der stehen, sondern können durch einen bestimmten Gedanken vom Kirchenjahr oder vom Inhalt der Messe her sinnvoll
miteinander verknüpft werden.

LESUNG UND ANTWORT

Bei einem Schwerkranken empfiehlt es sich, nur eine Lesung
(Evangelium) zu nehmen und sie dem Kranken mit wenigen
Worten innerlich nahezubringen. Auf das mit der Lesung the-
matisch verknüpfte Antwortelement sollte nicht verzichtet
werden. Ein Rückgriff auf dem Kranken vertraute Texte er-
leichtert den inneren Mitvollzug. Auch Singen sollte bei einer
Messe mit Kranken nicht von vornherein ausgeschlossen werden, wenn die Teilnehmer eine genügende Fähigkeit dazu besitzen.

FÜRBITTEN

Das Allgemeine Gebet wird die Anliegen des Kranken nicht
vergessen, darüber hinaus aber die Anliegen der Gemeinde,
der Kirche und der Welt aufgreifen. Die Teilnehmer sollten
zu eigenen Formulierungen angeleitet und ermuntert werden.

GABENBEREITUNG

Die Bereitung der Gaben kann der Priester gut in Stille vollzie-
hen. Der Altartisch sollte so plaziert sein, daß der Kranke ohne
Mühe der Handlung zuschauen kann. Händewaschung und
„Orate fratres" sind besonders bei der Feier mit einem
Schwerkranken entbehrlich.
Das Gabengebet faßt den Sinn des Geschehens zusammen.

EUCHARISTISCHES HOCHGEBET

Der Priester kann den Sinn dieses Lob- und Dankgebetes, das im Beten Jesu beim Abendmahl wurzelt und das Heilwirken Gottes in Christus zum Inhalt hat, mit wenigen Worten einleiten und aktualisieren.

VATERUNSER

Die Einleitung kann einen Gedanken des Wortgottesdienstes wieder aufgreifen. Die Doxologie könnte das Vaterunser beschließen.

Das Friedensgebet und das Brotbrechen, die beide wesentliche Inhalte der Eucharistiefeier zeichenhaft zum Ausdruck bringen, können auf folgende Weise verdeutlicht werden:

FRIEDENSGEBET UND -WUNSCH

Nach dem Gebet und dem Friedenswunsch an alle reicht der Priester dem Kranken und – je nach Anzahl – den Anwesenden die Hand und diese untereinander oder dem Nachbarn. Das kann völlig zwanglos geschehen und von einem persönlichen Wort begleitet sein.

BROTBRECHEN

Voraussetzung für die Aussagekraft dieses urchristlichen Ritus des Brotbrechens ist die Verwendung von großen Brothostien, die für den Empfang in Stücke gebrochen werden, und ein deutendes Begleitwort vor oder nach dem ,,Agnus Dei".

KOMMUNIONEMPFANG

Nach den Worten ,,Seht das Lamm Gottes..." kann ein passendes Gebets- oder Schriftwort stehen, das einen Gedanken aus dem Wortgottesdienst zum Ausdruck bringt. Oft wird der Kommunionvers passen.

Die Kommunion soll nach Möglichkeit unter beiden Gestalten ausgeteilt werden. Wenn es für den Kranken leichter ist, kann er die Kommunion nur unter der Gestalt des Weines empfangen.

Nach der Kommunion haben der Kranke und die Gemeinde Zeit zu stiller Danksagung. Danach kann einer der Teilnehmer eines der vorgeschlagenen Gebete sprechen, die sich häufig vom liturgischen Beten durch ihre persönliche Prägung unterscheiden. Der Kranke soll sie innerlich mitvollziehen können.

SEGENSBITTE

Die Messe schließt mit dem Segen, der nach dem Vorbild des neuen Missale breiter ausgeführt werden kann.

ORT DER FEIER; RAUM UND KLEIDUNG

Unter bestimmten Voraussetzungen kann die Messe auch im Zimmer eines Kranken gehalten werden. Ähnliches gilt für die Messe in der Wohnung von älteren Menschen.
Die liturgische Kleidung ist den Umständen anzupassen. In der Regel werden wenigstens Albe und Stola benutzt. Selbst in außergewöhnlichen Fällen darf die Stola nicht fehlen.
Der besondere Charakter dieser Feier soll in der Zurüstung des Raumes zum Ausdruck kommen. Daher soll sich im Raum gut sichtbar ein Kreuz befinden. Der Festcharakter wird durch Kerzen und Schmuck betont.
Als Altar kann man einen gewöhnlichen Tisch benutzen, der entsprechend festlich bereitet wird, um auch dadurch die Eucharistiefeier von einem gewöhnlichen Mahl zu unterscheiden.

Messe für Kranke nach dem Meßbuch

MB S. 1073f

ERÖFFNUNGSVERS   *Vgl. Jes 53,4*

Christus, der Herr, hat unsere Krankheiten getragen.
unsere Schmerzen hat er auf sich genommen.

TAGESGEBET

Barmherziger Gott,
dein Sohn hat unsere Schmerzen auf sich genommen
und uns den geheimnisvollen Wert des Leidens gezeigt.

Wir bitten dich
für unseren kranken Bruder N.
(unsere kranke Schwester N.)
und für alle unsere Kranken:
Laß sie erkennen,
daß sie zu denen gehören,
denen das Evangelium Trost verheißt,
und daß sie eins sind mit dem,
der für das Heil der Welt gelitten hat,
mit unserem Herrn Jesus Christus,
der in der Einheit des Heiligen Geistes
mit dir lebt und herrscht in alle Ewigkeit.

Oder:

Barmherziger Gott,
du bist das ewige Heil aller Gläubigen;
erhöre unser Gebet
für unsere kranken Brüder und Schwestern.
Richte sie auf in deiner Barmherzigkeit
und gib ihnen die Gesundheit wieder,
damit sie dir in deiner Gemeinde danken.
Darum bitten wir durch Jesus Christus.

GABENGEBET

Herr, unser Gott,
du lenkst den Lauf unseres Lebens,
in deiner Hand liegen Gesundheit und Krankheit.
Wir bringen dir Gebete und Gaben dar
für unseren Bruder (unsere Schwester) N.,
der (die) krank darniederliegt.
Gib ihm (ihr) die Kraft,
sein (ihr) Leiden anzunehmen
und in Geduld zu ertragen,
und wandle unsere Sorge
in Freude über seine (ihre) Genesung.
Darum bitten wir durch Christus, unseren Herrn.

PRÄFATION

P.: Der Herr sei mit euch.
A.: Und mit deinem Geiste.
P.: Erhebet die Herzen.
A.: Wir haben sie beim Herrn.
P.: Lasset uns danken dem Herrn, unserm Gott.
A.: Das ist würdig und recht.
P.: In Wahrheit ist es würdig und recht, dir, Herr, heiliger Vater, allmächtiger, ewiger Gott, immer und überall zu danken. Denn wir erkennen deine Herrlichkeit in dem, was du an uns getan hast: Du bist uns mit der Macht deiner Gottheit zu Hilfe gekommen und hast uns durch deinen menschgewordenen Sohn Rettung und Heil gebracht aus unserer menschlichen Sterblichkeit. So kam uns aus unserer Vergänglichkeit das unvergängliche Leben durch unseren Herrn Jesus Christus.
Durch ihn preisen wir jetzt und in Ewigkeit dein Erbarmen und singen mit den Chören der Engel das Lob deiner Herrlichkeit:
A.: Heilig, heilig, heilig
Gott, Herr aller Mächte und Gewalten.
Erfüllt sind Himmel und Erde
von deiner Herrlichkeit.
Hosanna in der Höhe.
Hochgelobt sei,
der da kommt im Namen des Herrn.
Hosanna in der Höhe.   MB S. 402f

KOMMUNIONVERS   *Kol 1,24*

Für den Leib Christi, die Kirche,
erfülle ich in meinem irdischen Leben das Maß seiner Leiden.

SCHLUSSGEBET

Gott, du allein bist unsere sichere Zuflucht
in den Tagen der Krankheit.
Wir flehen dich an um dein Erbarmen:
Erweise deine Macht an unseren kranken Brüdern
(und Schwestern),
damit sie gesund und heil

der Kirche wiedergegeben werden
und dir zusammen mit uns
das Opfer des Lobes darbringen.
Darum bitten wir durch Christus, unseren Herrn.

Oder:

Gott, du allein bist unsere sichere Zuflucht
in den Tagen der Krankheit.
Hilf unseren kranken Brüdern und Schwestern
durch dieses Sakrament,
damit sie die Hoffnung bewahren
und den Glauben an deine Liebe nicht verlieren.
Darum bitten wir durch Christus, unseren Herrn.

FEIERLICHER SCHLUSSEGEN

Der Gott und Vater unseres Herrn Jesus Christus,
der uns tröstet in jeder Not,
segne euch und lenke eure Tage in seinem Frieden.

A.: Amen.

Er bewahre euch vor aller Verwirrung
und festige eure Herzen in seiner Liebe.

A.: Amen.

In diesem Leben mache er euch reich an guten Werken
und im künftigen sei er selbst euer unvergänglicher Lohn.

A.: Amen.

Das gewähre euch der dreieinige Gott,
der Vater und der Sohn + und der Heilige Geist.

A.: Amen. MB S. 550

TAGESGEBETE

Gott, du bist da.
Deine Gegenwart umhüllt und durchdringt uns
wie die Luft, die wir atmen,
ohne die wir nicht leben können.

Gib, daß wir dir ganz vertrauen
und leben ohne Angst.
Darum bitten wir durch Jesus Christus.

MB S. 306

Gott des Lebens.
Durch die Auferstehung deines Sohnes wissen wir:
Der Tod ist überwunden,
der Weg zu dir steht offen,
unser Leben ist unvergänglich.
Hilf uns,
in dieser Gewißheit unser Leben anzunehmen
und daraus zu machen, was du von uns erwartest.
Darum bitten wir durch Jesus Christus.

MB S. 308

Ewiger Gott.
Dein Sohn hat unser Leben geteilt,
hat Freude erfahren und Leid ertragen – wie wir.
Gib, daß wir in guten und in bösen Tagen
mit ihm verbunden bleiben.
Darum bitten wir durch ihn, Jesus Christus.

MB S. 308

Gott, unser Vater.
Du hast uns für die Freude erschaffen.
Dennoch begleiten Enttäuschung und Leid
unser Leben.
Hilf, daß wir dir glauben
und auch in Stunden der Not dir vertrauen.
Mach uns durch die Schmerzen reifer
und hellhörig für die Not der anderen.
Darum bitten wir durch Jesus Christus.

MB S. 315

Unser Herr Jesus Christus hat gesagt:
„Nicht Gesunde brauchen den Arzt,
sondern Kranke.
Nicht Gerechte zu rufen bin ich gekommen,
sondern die Sünder."
Darum beten wir:
Barmherziger Gott.
Zu Unrecht halten wir uns oft für gut

und glauben, gerecht vor dir zu sein.
Wecke uns aus unserer falschen Sicherheit,
befreie uns von unserer Selbstgerechtigkeit
und heile uns durch Jesus Christus,
den Arzt der Kranken, den Heiland der Sünder,
der in der Einheit des Heiligen Geistes
mit dir lebt und herrscht in alle Ewigkeit.

MB S. 319

Ewiger Gott.
Du selber hast uns hier zusammengeführt,
um mit uns zu reden und mit uns Mahl zu halten.
Stärke in uns die Zuversicht,
daß diese Feier sich bei dir vollenden wird –
in dem Leben, das du uns heute versprichst
und dessen Speise du uns heute gibst.
Darum bitten wir durch Jesus Christus.

MB S. 318

Gott, unser Vater.
Du gibst dich uns Menschen zu erkennen
im Schicksal Jesu von Nazaret.
Als er von allen verlassen war,
hast du ihn durch Leiden und Tod
hindurchgeführt zum Leben.
Laß uns glauben und vertrauen,
daß auch wir in aller Bedrängnis und Not
unterwegs sind zu dir
mit unserem Herrn Jesus Christus,
der in der Einheit des Heiligen Geistes
mit dir lebt und herrscht in alle Ewigkeit.

MB S. 316

Ewiger Gott.
Die Tage zerrinnen uns zwischen den Händen.
Unser Leben schwindet dahin.
Du aber bleibst.
Gestern und heute und morgen
bist du derselbe.
Von Ewigkeit her kennst du uns.
Unsere Zukunft liegt in deiner Hand.

147

Mach uns bereit für alles,
was du mit uns tun wirst.
Darum bitten wir durch Jesus Christus.

Jesus hat gesagt: MB S. 316
„Nicht nur vom Brot lebt der Mensch,
sondern von jedem Wort,
das aus Gottes Mund kommt."
Darum bitten wir:
Gott, unser Vater.
Verwirrt vom Geschwätz unserer Tage,
erschöpft von Arbeit und Sorgen,
suchen wir dich und rufen:
Komm uns entgegen.
Rede uns an.
Gib uns ein Wort,
das uns ändert und heilt,
das uns nährt und befreit.
Darum bitten wir durch Jesus Christus.

MB S. 320
IN SCHWERER KRANKHEIT

Gott des Erbarmens,
du bist den Kranken zugetan.
Sei auch unserem Bruder (unserer Schwester) N. nahe,
der (die) sich quält und leidet
unter dieser schweren Krankheit.
Stärke ihn (sie) durch den Beistand
deines Heiligen Geistes.
Schenke ihm (ihr) Gesundheit an Leib und Seele,
wie es deinem Willen entspricht,
damit er (sie) denen wieder beistehen kann,
die ihn (sie) so dringend brauchen.
Darum bitten wir durch Jesus Christus.

IN LANGER KRANKHEIT

Gott, du bist der Herr unseres Lebens.
Wir bitten dich für unseren Bruder (unsere Schwester) N.,
der (die) schon so lange Zeit
auf seine (ihre) Gesundung wartet und hofft.

Stärke ihn (sie) im Vertrauen auf dich
und zeige ihm (ihr),
daß sein (ihr) Gebet und seine (ihre) Geduld im Leiden
für uns Kraft und Segen bedeuten.
Das gewähre uns durch Jesus Christus.

IN ALTERSSCHWÄCHE

Gütiger Gott,
in deiner Hand liegt alles Leben.
Sieh in Liebe auf unseren Bruder (unsere Schwester),
dem (der) die Arbeit eines langen Lebens
Kraft gekostet hat.
Gib ihm (ihr) den Beistand deines Geistes,
Stärke im Glauben und Sicherheit in der Hoffnung,
damit er (sie) allen ein Zeugnis der Geduld
und die frohe Zuversicht deiner Liebe geben kann.
Darum bitten wir durch Jesus Christus.

FÜR MEHRERE KRANKE

Herr, unser Gott.
Dein Sohn hat unsere Schwachheit auf sich genommen
und uns den Sinn allen Leidens sichtbar gemacht.
Wir bitten dich
für unsere kranken Brüder und Schwestern.
Vereine sie in ihrem Leid mit Christus
und laß sie zum Segen für die Welt werden.
Das gewähre uns durch ihn, Jesus Christus.

Oder:
Gott, allmächtiger Vater,
du bist das Heil aller Menschen.
Inständig bitten wir für unsere Kranken
um die Hilfe deines Erbarmens.
Schenke ihnen Gesundheit
und laß ihre leidvolle Erfahrung
unserer Gemeinde zum Segen gereichen.
Das gewähre uns durch Jesus Christus.

Gütiger Vater,
wir bitten dich für unsere
kranken Brüder und Schwestern,
die in Schmerz und Leid auf dich hoffen.
Laß sie zu denen gehören,
die dein Sohn seligpreist.
Gib ihnen Einheit mit Christus,
der gelitten hat für das Heil der Welt
und in der Einheit des Heiligen Geistes
mit dir lebt und herrscht in alle Ewigkeit.

Unser Vater,
in Krankheit und Leid zeigst du uns,
daß nicht wir über uns selbst bestimmen,
sondern du der Herr unseres Lebens bist.
Mache uns stark,
damit wir deinen Willen erfüllen,
und führe uns, wohin du uns haben willst.
Darum bitten wir durch Jesus Christus.

FÜRBITTEN

Unser Herr Jesus Christus hat uns verheißen: Wo zwei oder
drei in meinem Namen versammelt sind, bin ich mitten unter
ihnen.
Deshalb rufen wir zu ihm.

Herr, stärke die Kirche und alle Christen, die auf dich vertrauen, mit deiner Kraft.
Christus, höre uns.

> Christus, erhöre uns.

Gib allen, die Not leiden, die Erfahrung deiner Güte.
Christus, höre uns.

> Christus, erhöre uns.

Tröste alle Kranken, besonders die, denen es noch schlimmer
geht als unserem (unserer) Kranken.
Christus, höre uns.

Christus, erhöre uns.

Uns selbst gib Kraft durch dein Wort und Sakrament.
Christus, höre uns.

Christus, erhöre uns.

Herr Jesus Christus,
Leid, Schmerz und Enttäuschung
begleiten uns durch dieses Leben.
Laß uns in den Stunden der Not dir vertrauen
und in der Gemeinschaft dieses Mahles
deine Nähe stets neu erfahren
durch die Liebe deines Heiligen Geistes
und die Liebe, die wir einander schenken.

Amen.

Laßt uns beten zu unserem Herrn Jesus Christus. Er hat den
Willen seines Vaters erfüllt und die Botschaft von der Liebe
Gottes mit seinem eigenen Blut besiegelt. Zu ihm rufen wir
in der Not unserer Zeit.

Für die Christen:
daß sie bereit sind, nach dem Beispiel Jesu zu leben und ihrem
Herrn auch in Prüfungen treu zu bleiben.
Herr, erbarme dich.

Christus, erbarme dich. Herr, erbarme dich.

Für die Einheit der Christen:
damit wir der Welt das Zeugnis des einen Glaubens geben.
Herr, erbarme dich.

Christus, erbarme dich. Herr, erbarme dich.

Für unsere Mitmenschen, die sich einsetzen für Gerechtigkeit
und Frieden:
daß sie eher bereit sind, Unrecht zu erdulden als Unrecht zu tun.
Herr, erbarme dich.

Christus, erbarme dich. Herr, erbarme dich.

Für die Armen, die Notleidenden, die Kranken; für alle, die
auf die Hilfe anderer angewiesen sind:
daß sie immer Menschen finden, die ihnen in Liebe zur Seite
stehen.
Herr, erbarme dich.

Christus, erbarme dich. Herr, erbarme dich.

Starker Herr,
du bist als Schwacher am Kreuz gestorben,
aber auferstanden in Kraft.
Du rufst schwache Menschen in deinen Dienst
und gibst ihnen Anteil an deiner Stärke.
Herr, sei du unsere Hoffnung,
bis die Verheißung erfüllt und jede böse Macht vernichtet ist.
Wir preisen dich in Ewigkeit.

Amen.

Weitere Fürbittexte vgl. in den einzelnen Kommunionfeiern.

GABENGEBETE

Gott, unser Vater,
wir treten mit dem Opfer des Lobes
vor dein Angesicht.
Gewähre, daß Er, der bei uns sein wird
mit dem Geheimnis seines Todes,
unser träges Herz ergreife
und uns löse von unserer Selbstbefangenheit.
Darum bitten wir durch ihn, Christus, unseren Herrn.

MB S. 348

Gott, unser Vater,
da wir das Mahl unseres Herrn bereiten,
laß uns begreifen, was die Speise seines Lebens war,
deinen Willen zu tun.
Gib uns den Mut, in sein Opfer einzugehen,
auf daß auch uns aus der Hingabe an dich
die Kraft zum Leben komme.
Darum bitten wir durch ihn, Christus, unseren Herrn. MB S. 348

Herr, unser Gott,
die Gaben, die wir bereitet haben,
sind Zeichen unserer Hingabe an dich.
Darum bitten wir:
Wie Brot und Wein
in der Kraft des Geistes geheiligt werden,
so heilige auch uns selbst immer mehr
nach dem Bilde unseres Herrn Jesus Christus,
der mit dir lebt und herrscht in alle Ewigkeit.

MB S. 349

Vater, du bist die Quelle jenes Lebens,
das uns dein Sohn Jesus Christus
in seinem Sterben und seiner Auferstehung erwirkt hat.
Nimm uns und alle Menschen hinein
in das Opfer der Erlösung
und heilige uns im Blute deines Sohnes,
der mit dir lebt und herrscht in alle Ewigkeit.

MB S. 350

Vater im Himmel,
lege deinen Geist in unser Herz,
damit er uns belebe und heilige
und zu einer wahren Opfergabe mache für dich.
Darum bitten wir durch Christus, unseren Herrn.

MB S. 350

Gütiger Gott,
wir begehen diese Feier
für unseren kranken Bruder (unsere kranke Schwester).
Laß uns teilnehmen
an Tod und Auferstehung unseres Herrn
und gib uns Stärke und Zuversicht.
Darum bitten wir durch ihn, Christus, unseren Herrn.

Gütiger Gott,
wir bringen dir
für unseren kranken Bruder (unsere kranke Schwester) N.
unsere Gebete und diese Gaben.
Gib ihm (ihr) und unserer ganzen Gemeinde dein Heil,
das du den Leidenden zugesagt hast.
Darum bitten wir durch Christus, unseren Herrn.

Gütiger Gott, am Kreuz deines Sohnes
hast du die Kirche als Heilszeichen aufgerichtet.
Laß auch diese schwere Krankheit
ein Zeichen deiner Liebe
für unseren Bruder (unsere Schwester) sein.
So nimm die Gaben unseres Dankes,
schenke ihm (ihr) und uns weiter deinen Beistand
und erhöre unsere Bitten.
Darum bitten wir durch Christus, unseren Herrn.

Heiliger Gott,
wir begehen diese Feier im Namen deines Sohnes,
der sein Leiden auch für diesen Kranken (diese Kranke)
dir dargebracht hat.
Laß uns teilhaben an seinem Opfer,
der mit dir lebt und herrscht in alle Ewigkeit.

Treuer Gott,
das Leiden deines Sohnes am Kreuz
hat die Menschen mit dir versöhnt,
denn er ist für alle gestorben.
So nimm das Gebet
für die Kranken unserer Gemeinde an,
damit sie in deinem Frieden leben.
Das gewähre uns durch ihn, Christus, unseren Herrn.

VOTIVHOCHGEBET „VERSÖHNUNG"
Aus Studienausgabe „Vier Hochgebete"

PRÄFATION

P.: Der Herr sei mit euch.
A.: Und mit deinem Geiste.
P.: Erhebet die Herzen.
A.: Wir haben sie beim Herrn.
P.: Lasset uns danken dem Herrn, unserm Gott.
A.: Das ist würdig und recht.

Wir danken dir, Gott, allmächtiger Vater,
und preisen dich
für dein Wirken in dieser Welt
durch unseren Herrn Jesus Christus:
Denn inmitten einer Menschheit,
die gespalten und zerrissen ist,
erfahren wir,
daß du Bereitschaft zur Versöhnung schenkst.

Dein Geist bewegt die Herzen,
wenn Feinde wieder miteinander sprechen,
Gegner sich die Hände reichen
und Völker einen Weg zueinander suchen.
Dein Werk ist es,
wenn der Wille zum Frieden den Streit beendet,
Verzeihung den Haß überwindet
und Rache der Vergebung weicht.

Darum können wir nicht aufhören,
dir zu danken und dich zu preisen.
Wir stimmen ein
in den Lobgesang der Chöre des Himmels,
die ohne Ende rufen:

Heilig, heilig, heilig
Gott, Herr aller Mächte und Gewalten.
Erfüllt sind Himmel und Erde
von deiner Herrlichkeit.
Hosanna in der Höhe.
Hochgelobt sei,
der da kommt im Namen des Herrn.
Hosanna in der Höhe.

Der Priester mit ausgebreiteten Händen:

(Bei einer Konzelebration:
Hauptzelebrant)

Herr aller Mächte und Gewalten,
gepriesen bist du
in deinem Sohn Jesus Christus,
der in deinem Namen gekommen ist.

Er ist dein rettendes Wort für uns Menschen.
Er ist die Hand,
die du den Sündern entgegenstreckst.
Er ist der Weg,
auf dem dein Friede zu uns kommt.

Gott, unser Vater,
als wir Menschen
uns von dir abgewandt hatten,
hast du uns durch deinen Sohn zurückgeholt.
Du hast ihn in den Tod gegeben,
damit wir zu dir und zueinander finden.

Darum feiern wir die Versöhnung,
die Christus uns erwirkt hat,
und bitten dich:

Er streckt die Hände über die Gaben aus und spricht:

(Hauptzelebrant laut, Konzelebranten leise)

Heilige diese Gaben durch deinen Geist,

Er faltet die Hände, macht ein Kreuzzeichen über Brot und Kelch zusammen und spricht:

da wir nun den Auftrag
deines + Sohnes erfüllen.

Denn bevor er sein Leben hingab,
um uns zu befreien,
nahm er beim Mahl das Brot in seine Hände,
dankte dir, brach es,
reichte es seinen Jüngern und sprach:

Er erhebt das Brot ein wenig.

NEHMET UND ESSET ALLE DAVON:
DAS IST MEIN LEIB,
DER FÜR EUCH HINGEGEBEN WIRD.

Er zeigt der Gemeinde die Hostie.

Ebenso nahm er an jenem Abend
den Kelch in seine Hände,
pries dein Erbarmen,
reichte den Kelch seinen Jüngern und sprach:

Er erhebt den Kelch ein wenig.

NEHMET UND TRINKET ALLE DARAUS:
DAS IST DER KELCH
DES NEUEN UND EWIGEN BUNDES,
MEIN BLUT, DAS FÜR EUCH
UND FÜR ALLE VERGOSSEN WIRD
ZUR VERGEBUNG DER SÜNDEN.
TUT DIES ZU MEINEM GEDÄCHTNIS.

Er zeigt der Gemeinde den Kelch.

Hauptzelebrant oder Diakon:

Geheimnis des Glaubens:

Gemeinde:

Deinen Tod, o Herr, verkünden wir,
und deine Auferstehung preisen wir,
bis du kommst in Herrlichkeit.

Hauptzelebrant laut, Konzelebranten leise

Herr, unser Gott.
Dein Sohn hat uns dieses Vermächtnis
seiner Liebe anvertraut.
In der Gedächtnisfeier
seines Todes und seiner Auferstehung
bringen wir dar, was du uns gegeben hast:
das Opfer der Versöhnung.

(Konzelebrant)

Wir bitten dich,
nimm auch uns an in deinem Sohn
und schenke uns in diesem Mahl den Geist,
den er verheißen hat,
den Geist der Einheit,

der wegnimmt, was trennt,
und der uns zusammenhält in der Gemeinschaft
mit unserem Papst N., unserem Bischof N.,
mit allen Bischöfen
und mit deinem ganzen Volk.
Mach deine Kirche zum Zeichen der Einheit
unter den Menschen
und zum Werkzeug deines Friedens.

(Konzelebrant)

Wie du uns hier am Tisch deines Sohnes
versammelt hast,
in Gemeinschaft mit der seligen Jungfrau
und Gottesmutter Maria
und allen Heiligen,
so sammle die Menschen
aller Rassen und Sprachen,
aller Schichten und Gruppen
zum Gastmahl der ewigen Versöhnung
in der neuen Welt
deines immerwährenden Friedens

Er faltet die Hände.

durch unseren Herrn Jesus Christus.

Er hebt Hostienschale und Kelch empor.

Hauptzelebrant (und Konzelebranten)

Durch ihn und mit ihm und in ihm
ist dir, Gott, allmächtiger Vater,
in der Einheit des Heiligen Geistes
alle Herrlichkeit und Ehre
jetzt und in Ewigkeit.

Gemeinde:

Amen.

DEUTEWORTE ZUM BROTBRECHEN

Wie dieses Brot aus vielen Körnern bereitet wurde,
so will Gott uns Menschen zueinander führen,
wenn wir von diesem Brot essen.
Kommt und eßt von diesem Brot,
das uns in Christus eint.

Wenn *eine* große Brothostie verwandt wird:

Das *eine* Brot, das wir hier brechen,
schenkt uns Gemeinschaft mit dem einen Leib Christi.
Wir erhalten Anteil an dem einen Brot
und werden ein Leib, die Kirche Christi.

DANKSAGUNG

Herr, wir wollen deinen Willen tun.
Nimm hin, Herr, unseren Leib,
damit wir seine Schwächen geduldig ertragen.

Nimm hin, Herr, unseren Geist,
damit wir in deinem Licht immer fester an dich glauben.

Nimm hin, Herr, unser Herz,
damit wir dich über alles lieben.

Nimm hin, Herr, unseren Willen,
damit wir deinen Willen erfüllen.

Nimm hin, Herr, unsere Freiheit,
damit wir uns nicht gegen dich entscheiden.

Nimm hin, Herr, unsere Kräfte,
damit wir dir mit unserem Leben dienen.

Nimm hin, Herr, unser Kreuz und Leid,
damit es Frucht bringt für unser Heil.

Nimm hin, Herr, alles, was wir sind und haben.

Wir loben und preisen dich, Herr am Kreuz,
daß du alles Leid und alle Not der Welt für uns getragen hast.
Wir danken dir, Herr,
für deine Geduld und dein Erbarmen mit unseren Nöten.
Wir danken dir, Herr,
daß wir an deinem Mahl teilnehmen dürfen,
mit dem du uns stärkst.

Wir danken dir, Herr,
daß du bei uns bleiben willst,
obwohl wir immer wieder an dir zweifeln.
Wir danken dir, Herr,
für die Gemeinschaft mit allen,
die deinen Namen anrufen.
Wir danken dir, Herr,
für die Hoffnung, mit der du uns erfüllst
für den Tag der endgültigen Begegnung mit dir.

Wir danken dir, Gott, dafür, daß du bist;
denn du bist der Heilige
und unser Vater in Ewigkeit.
    Lob und Dank sei dir in Ewigkeit.

Wir sagen dir Dank, Herr und Vater.
Du hast uns Maria zum Vorbild der Hoffnung
und die Kirche als Mutter der Gnade gegeben.
    Lob und Dank sei dir in Ewigkeit.

Wir sagen dir Dank, allmächtiger Gott.
Du leitest die Völker nach deinem Plan
und besiegst alle, die Unrecht tun.
    Lob und Dank sei dir in Ewigkeit.

Wir sagen dir Dank, Vater im Himmel,
denn du bist in unserer Mitte,
und dein heiliger Name ist angerufen über uns.
    Lob und Dank sei dir in Ewigkeit.

SCHLUSSGEBETE

Allmächtiger, gütiger Gott,
wir waren Gäste am Tisch deines Sohnes,
und er war der Herr unseres Mahles.
Laß uns dereinst zu ihm gelangen,
der uns auf dem Weg durch den Tod
in die Herrlichkeit vorausgegangen ist,
unser Herr Jesus Christus,
der mit dir lebt und herrscht in alle Ewigkeit.   MB S. 525

Gütiger Gott,
die heilige Speise, die wir empfangen haben,
durchdringe uns mit ihrer Kraft.
Sie vertiefe unseren Glauben,
mache stark unsere Hoffnung
und entzünde unsere Herzen zu Werken der Liebe.
Laß das göttliche Leben, das du uns geschenkt hast,
sich entfalten und Frucht bringen für das ewige Leben.
Darum bitten wir durch Christus, unseren Herrn.

MB S. 528

Gott, du Hirte und Schützer deines Volkes,
blicke auf uns, die wir erkauft sind
durch das Blut deines Sohnes.
Im heiligen Opfermahl
hast du das göttliche Leben in uns gestärkt.
Behüte es auch in den Gefahren, die uns drohen,
und vollende es am Tage Christi, deines Sohnes,
der mit dir lebt und herrscht in alle Ewigkeit.

MB S. 528

Gütiger Gott,
das Opfer deines Sohnes
ist die Sühne für die Schuld der Welt
und Heilskraft für das neue göttliche Leben in uns.
Wir danken dir,
daß wir ihn empfangen durften im heiligen Mahle.
Gib, daß wir nun selber Boten seiner Liebe werden,
damit die Welt immer mehr das Heil finde in ihm,
unserem Herrn Jesus Christus,
der mit dir lebt und herrscht in alle Ewigkeit.

MB S. 529

Gott und Vater,
im heiligen Mahle, das wir empfangen durften,
hat sich auf neue Weise
das Wort des Apostels erfüllt:
Jesus, dein Sohn, lebt in uns.
Wir danken dir, daß du ihn uns geschenkt hast.
Steh uns bei, damit wir ganz für ihn leben
und einst ewig vollendet werden in ihm,
der mit dir lebt und herrscht in alle Ewigkeit.   MB S. 529

Allmächtiger Gott,
in dieser Feier hast du uns
an deinem göttlichen Leben Anteil geschenkt.
Laß uns niemals von dir getrennt werden,
sondern bewahre uns in deiner Liebe.
Darum bitten wir durch Christus, unseren Herrn.

MB S. 529

Du Gott der Hoffnung.
Dein Sohn hat gelitten und Schmerzen ertragen
bis zum bitteren Ende.
Darum kennst du unsere Leiden,
Ängste und Hoffnungen.
Wir bitten dich:
Laß uns erkennen,
daß wir in deiner guten Hand geborgen sind,
auch wenn sie noch so schwer auf uns lastet.
Gib uns Anteil an dem heilen Leben,
das unser Hoffen auf Gesundheit übertrifft.
Laß uns bei dir bleiben,
heute und morgen, alle Tage.
Das gewähre uns durch Christus, unseren Herrn.

Gott, himmlischer Vater,
in diesem Mahl schenkst du uns immer wieder deine Liebe.
Wir aber bitten dich zu oft um Dinge,
auf die es eigentlich nicht ankommt.
Hilf uns, das Wesentliche zu erkennen.
Hilf uns zu der einzig wichtigen Bitte:
Ich möchte wohnen im Hause des Herrn.
Das gewähre uns durch Christus, unseren Herrn.

Himmlischer Vater,
wir danken dir dafür,
daß du uns das Brot des ewigen Lebens gegeben hast.
Nun bitten wir dich voll Vertrauen:
Laß uns in froher Zuversicht
auf das Ziel unseres Lebens zugehen –
auf die völlige Gemeinschaft mit dir
im Reich deines Sohnes Jesus Christus,
der mit dir lebt und herrscht in alle Ewigkeit.

Vater, du hast Geduld mit uns.
Zeige uns durch diese Tischgemeinschaft,
daß wir uns nicht aufgeben dürfen
in all unserem Leid.
Laß uns immer deutlicher erfahren und erleben,
daß du uns segnest und bei uns bist.
Darum bitten wir durch Christus, unseren Herrn.

Starker Gott,
in diesem Mahl sind wir mit dir und untereinander vereint.
Bleib alle Tage bei unseren Kranken.
Laß sie in ihren Leiden nicht ohne Trost
und niemals ohne Hoffnung.
Schenk ihrem und unserem Leben Freude und Erfüllung
und einst das Glück in deinem Reich.
Darum bitten wir durch Christus, unseren Herrn.

Himmlischer Vater,
die Jünger haben den Erlöser
an den Wundmalen seiner Leiden erkannt.
So nimm auch du alle Kranken und Leidenden,
die den Namen deines Sohnes bekennen,
als seine Jünger an
und führe sie zur ewigen Gemeinschaft mit ihm,
der mit dir lebt und herrscht in alle Ewigkeit.

Herr, unser Gott,
Leib und Blut deines Sohnes haben uns neu gestärkt.
Erweise deine Macht
an unserem kranken Bruder (unserer kranken Schwester)
und gib ihm (ihr) Hoffnung und Zuversicht.
Hilf ihm (ihr) und stärke ihn (sie),
damit er (sie) zum Segen wird
für seine (ihre) Nächsten und unsere ganze Gemeinde.
Darum bitten wir durch Christus, unseren Herrn.

Gebete zur Wahl

VERTRAUEN AUF DIE ZUKUNFT

Herr, bei dir bin ich sicher;
wenn du mich hältst,
habe ich nichts zu fürchten;
wenn du mich aufgibst,
bleibt mir keine Hoffnung.

Ich weiß wenig von der Zukunft,
aber ich vertraue auf dich.
Gib, was gut ist für mich.
Nimm, was mir schaden kann.
Dir will ich es überlassen.

Wenn Sorgen und Leid kommen,
hilf mir, sie zu tragen.
Laß mich dich erkennen,
an dich glauben und dir dienen.
                    Nach Kardinal Newman

IN SCHWERER KRANKHEIT

Vater, es fällt mir schwer zu sagen:
dein Wille geschehe.
Ich bin niedergeschlagen und habe keinen Mut mehr.
Die Schmerzen sind unerträglich.
Alles, was mein Leben ausgemacht hat,
scheint mir weit weg:
die Menschen, die zu mir gehören,
meine Arbeit, meine Freuden,
mein ganzes alltägliches Tun.
Aber wenn ich auch mutlos bin, Herr,
ich will versuchen, ja zu sagen zu dem, was ist:
zu meinen Schmerzen,
zu meiner Schwäche,
zu meiner Hilflosigkeit.

Ich will alles ertragen, so gut es geht.
Laß mein Leiden nicht umsonst sein.
Vielleicht nützt es denen,
die für dich arbeiten und kämpfen.
Dein Wille geschehe!
Dein Sohn hat am Kreuz gezeigt,
daß Leiden nicht umsonst ist.
Ich danke dir, daß ich das weiß.
Segne mich, Vater.
Segne alle Menschen,
die mir Gutes tun und mir helfen.
Segne alle, die wie ich leiden müssen.
Und wenn du willst,
laß mich und die anderen
gesund werden.

VERTRAUEN IN NOT

Gott, zu dir rufe ich:
In mir ist es finster,
aber bei dir ist das Licht.
Ich bin einsam,
aber du verläßt mich nicht.
Ich bin kleinmütig,
aber bei dir ist die Hilfe.
Ich bin unruhig,
aber bei dir ist der Friede.
In mir ist Bitterkeit,
aber bei dir ist die Geduld.
Ich verstehe deine Wege nicht,
aber du weißt den Weg für mich.
                    Dietrich Bonhoeffer

VERTRAUEN IN ANFECHTUNG

Mein Gott und Vater,
ich glaube, daß du da bist,
auch wenn ich dich nicht sehe;
daß du alles lenkst in Weisheit und Liebe,
auch wenn ich es nicht begreife;

daß du mich liebst,
auch wenn du hart erscheinst.
Dir vertraue ich,
auch wenn ich deine Hand nicht greifen kann.
Lenke mein Leben heute und morgen.
Lenke es Tag um Tag, Stunde um Stunde,
daß dein Name verherrlicht werde,
daß dein Reich komme,
daß dein Wille geschehe.

UM GROSSMUT

Herr Jesus Christus,
lehre mich die wahre Großmut!
Lehre mich, dir zu dienen, wie du es verdienst:
zu geben, ohne zu zählen;
zu kämpfen, ohne der Wunden zu achten;
mich zu opfern, ohne Lohn zu erwarten.
Mir genüge das frohe Wissen,
deinen heiligen Willen zu erfüllen.

Ignatius von Loyola

HINGABE

Nimm hin, o Herr, meine ganze Freiheit.
Nimm an mein Gedächtnis, meinen Verstand,
meinen ganzen Willen.
Was ich habe und besitze,
hast du mir geschenkt.
Ich gebe es dir wieder ganz und gar zurück
und überlasse alles dir,
daß du es lenkst nach deinem Willen.
Nur deine Liebe schenke mir mit deiner Gnade.
Dann bin ich reich genug und suche nichts weiter.

Ignatius von Loyola GL 5,6

VERTRAUEN

Nichts soll dich ängstigen,
nichts dich erschrecken.
Alles geht vorüber.

Gott allein bleibt derselbe.

Alles erreicht der Geduldige,
und wer Gott hat, der hat alles.

Gott allein genügt.

Theresia von Ávila GL 5,2

NIMM MICH MIR UND GIB MICH DIR

Mein Herr und mein Gott,
nimm alles von mir,
was mich hindert zu dir.

Mein Herr und mein Gott,
gib alles mir,
was mich fördert zu dir.

Mein Herr und mein Gott,
nimm mich mir
und gib mich ganz zu eigen dir.

Niklaus von Flüe GL 5,1

LASS MICH LIEBE BRINGEN

Herr, mach mich zu einem Werkzeug deines Friedens,
daß ich liebe, wo man haßt;
daß ich verzeihe, wo man beleidigt;
daß ich verbinde, wo Streit ist;
daß ich die Wahrheit sage, wo Irrtum ist;
daß ich Glauben bringe, wo Zweifel droht;
daß ich Hoffnung wecke, wo Verzweiflung quält;
daß ich Licht entzünde, wo Finsternis regiert;
daß ich Freude bringe, wo der Kummer wohnt.

Herr, laß mich trachten,
nicht, daß ich getröstet werde, sondern daß ich tröste;

167

nicht, daß ich verstanden werde, sondern daß ich verstehe;
nicht, daß ich geliebt werde, sondern daß ich liebe.

Denn wer sich hingibt, der empfängt;
wer sich selbst vergißt, der findet;
wer verzeiht, dem wird verziehen;
und wer stirbt, der erwacht zum ewigen Leben.

Frankreich 1913 GL 29,6

DEIN WILLE GESCHEHE

Mein Vater, ich überlasse mich dir; mach mit mir, was dir gefällt. Was du auch mit mir tun magst, ich danke dir. Zu allem
bin ich bereit, alles nehme ich an. Wenn nur dein Wille sich
an mir erfüllt und an allen deinen Geschöpfen, so ersehne ich
weiter nichts, mein Gott.

In deine Hände lege ich meine Seele. Ich gebe sie dir, mein
Gott, mit der ganzen Liebe meines Herzens, weil ich dich liebe
und weil diese Liebe mich treibt, mich dir hinzugeben, mich
in deine Hände zu legen, ohne Maß, mit einem grenzenlosen
Vertrauen. Denn du bist mein Vater.

Charles de Foucauld GL 5,5

DANK

Heiliges Mahl, in dem wir Christus genießen.
Wir begehen das Gedächtnis seines Leidens,
unser Geist wird erfüllt mit Gnade,
und wir erhalten das Unterpfand
der künftigen Herrlichkeit.

Brot vom Himmel hast du uns gegeben,
das allen Wohlgeschmack in sich enthält.

Herr Jesus Christus,
unter den Zeichen von Brot und Wein
hast du uns das Gedächtnis
deines Leidens und deiner Auferstehung hinterlassen.
Gib uns die Gnade,
das heilige Geheimnis deines Leibes und Blutes

so zu verehren,
daß wir in uns
die Frucht deiner Erlösung erfahren.

Neues Stundenbuch I, S. 900, 904

ZUFLUCHT BEI CHRISTUS

Seele Christi, heilige mich.
Leib Christi, rette mich.
Blut Christi, tränke mich.
Wasser der Seite Christi, wasche mich.
Leiden Christi, stärke mich.
O guter Jesus, erhöre mich.
Birg in deinen Wunden mich.
Von dir laß nimmer scheiden mich.
Vor dem bösen Feind beschütze mich.
In meiner Todesstunde rufe mich,
zu dir zu kommen heiße mich,
mit deinen Heiligen zu loben dich
in deinem Reiche ewiglich. Amen.

14. Jahrhundert GL 6,7

VON DIR GELIEBT

Daß wir dein Wort vernommen haben, Gott,
daß wir das Brot gebrochen haben füreinander,
laß das für uns ein Zeichen sein,
daß du uns nahe bist,
daß wir deine Menschen sind,
von dir genährt, von dir geliebt.
Verlaß uns nie, wir bitten dich,
sei wie das Tageslicht um uns,
sei unser fester Boden
und mehr noch:
unsere Zukunft, unser Vater.

H. Oosterhuis

Dokumente

I.

Die Deutsche Bischofskonferenz hatte bereits im September 1967 beschlossen, sich wegen der Austeilung der heiligen Kommunion durch Laien an den Apostolischen Stuhl zu wenden. Auf Grund der Reskripte der Sakramentenkongregation vom 28. November 1967 und vom 14. Februar 1968 konnten entsprechende Ausführungsbestimmungen erlassen werden[1].

Die guten Erfahrungen mit diesem neuen liturgischen Dienst der Laien und zahlreiche Anträge von Bischofskonferenzen haben den Apostolischen Stuhl dann veranlaßt, eine allgemeine Regelung für die gesamte Weltkirche zu treffen. Die Deutsche Bischofskonferenz hat daraufhin im September 1969 beschlossen, von dieser Regelung Gebrauch zu machen und die Ausführungsbestimmungen neu zu fassen[2]. Seit dem 29. Januar 1973 liegt mit der Instruktion „Immensae caritatis" der Sakramentenkongregation, auf die in der Studienausgabe „Kommunionspendung und Eucharistieverehrung außerhalb der Messe" Bezug genommen wird (z. B. in Nr. 17), eine allgemeingültige Regelung des Dienstes der außerordentlichen Spender der heiligen Kommunion vor. Die Bestimmungen heißen im Wortlaut:

Die außerordentlichen Spender der heiligen Kommunion

Es gibt verschiedene Anlässe, bei denen ein Mangel an Kommunionspendern offenkundig wird: während der Messe, wenn die Zahl der Mitfeiernden groß ist oder wenn dem Zelebranten die Austeilung der Kommunion besonders schwerfällt; außerhalb der Messe, wenn es weite Entfernungen schwierig machen, die heilige Kommunion Gläubigen zu bringen, besonders als Wegzehrung für Kranke in Todesgefahr, oder wenn die Zahl der Kranken, vor allem in Krankenhäusern u. dgl., mehrere Spender erfordert. Damit also die Gläubigen, die im Stand der Gnade und in richtiger, frommer Absicht am Mahl des Herrn teilzunehmen wünschen, diese sakramentale Hilfe und Tröstung nicht entbehren müssen, hielt es der Papst für angezeigt, außerordentliche Spender einzuführen, die sich und anderen Gläubigen unter bestimmten und im folgenden angegebenen Bedingungen die heilige Kommunion reichen dürfen:

1. Die Ortsordinarien sind ermächtigt, geeigneten und als außerordentliche Spender namentlich benannten Personen die Erlaubnis zu erteilen, im Einzelfall oder für eine bestimmte Zeit oder, wenn nötig, auch auf Dauer sich selbst und anderen Gläubigen die Kommunion zu reichen sowie Kranken ins Haus zu bringen, sofern:

a) kein Priester, Diakon oder Akolyth zur Verfügung steht;

b) diese wegen anderer Seelsorgeverpflichtungen, wegen Krankheit oder wegen vorgerückten Alters verhindert sind;

c) die Zahl der Kommunikanten so groß ist, daß die Feier der Messe oder die Austeilung der Eucharistie außerhalb der Messe zu lange dauern würde.

2. Ebenso sind die Ortsordinarien ermächtigt, den Priestern, die einen Gottesdienst leiten, zu erlauben, daß sie, wenn es wirklich notwendig ist, im Einzelfall eine geeignete Person zur Kommunionspendung beauftragen.

3. Die Ortsordinarien können diese Vollmacht ihren Weihbischöfen, Bischofsvikaren und bischöflichen Delegaten übertragen.

4. Die unter 1 und 2 erwähnten geeigneten Personen sollen nach der folgenden Ordnung (die der Ortsordinarius jedoch nach klugem Ermessen auch ändern kann) bestimmt werden:

Lektor, Student (Alumnus) des Priesterseminars, Ordensmann, Ordensfrau, Katechet, jeder Gläubige: Mann oder Frau.

5. In den Oratorien männlicher und weiblicher Ordensgemeinschaften kann die Erlaubnis, bei den unter Nr. 1 angeführten Anlässen die heilige Kommunion zu spenden, sinnvollerweise dem Obern, der keine Weihe hat, oder der Oberin bzw. ihren Stellvertretern erteilt werden.

6. Es ist angebracht, daß die vom Ortsordinarius namentlich benannte oder gemäß Nr. 2 von einem bevollmächtigten Priester bestimmte geeignete Person – falls es zeitlich möglich ist – gemäß dem beigefügten Ritus beauftragt wird. Bei der Austeilung der heiligen Kommunion hat sich der Beauftragte an die liturgischen Bestimmungen zu halten.

Da diese Vollmachten nur zum geistlichen Wohl der Gläubigen und für wirkliche Notfälle gewährt werden, sollen die Priester sich bewußt bleiben, daß sie dadurch nicht ihrer Verpflichtung enthoben sind, auch selber den Gläubigen, die berechtigterweise um die heilige Kommunion bitten, diese zu reichen, vor allem den Kranken.

Der Gläubige, der als außerordentlicher Spender der heiligen Kommunion bestimmt und dafür in entsprechender Weise vorbereitet ist, soll sich durch ein christliches Leben, durch seinen Glauben und durch lautere Sitten auszeichnen. Er soll sich bemühen, der ihm übertragenen hohen Aufgabe gerecht zu werden, die Verehrung der heiligen Eucharistie zu pflegen und den übrigen Gläubigen durch seine Frömmigkeit sowie seine Ehrfurcht gegenüber dem Allerheiligsten Altarsakrament ein Beispiel zu geben. Es möge auch niemand bestimmt werden, dessen Beauftragung bei den Gläubigen Verwunderung hervorrufen könnte[3].

Für die einzelnen Diözesen ergibt sich die Aufgabe, die seit 1969 zugrunde gelegten Ausführungsbestimmungen anhand der Instruktion „Immensae caritatis" zu modifizieren und entsprechende Regelungen zur Benennung, Vorbereitung, Beauftragung und Fortbildung von außerordentlichen Kommunionhelfern zu treffen. Dafür können die folgenden Richtlinien der Diözese Würzburg vom 15. Oktober 1976 als Beispiel dienen.

Eine wichtige Ergänzung betrifft den Abschnitt 2.5 „Aussetzung", in dem die Richtlinien enger gefaßt sind als die römischen Bestimmungen. Nach dem Dokument der Gottesdienstkongregation vom 21. Juni 1973, das als Studienausgabe vorliegt[4], ist es auch Kommunionhelfern und anderen Beauftragten unter bestimmten Bedingungen erlaubt, die Aussetzung vorzunehmen. Die Bestimmungen dazu lauten: „Im Falle der Abwesenheit oder Verhinderung von Priester und Diakon können folgende Beauftragte die heilige Eucharistie zur Anbetung öffentlich aussetzen und reponieren:

a) Akolyth und Kommunionhelfer; b) jeder Angehörige einer Ordensgemeinschaft oder Säkulargemeinschaft, sowohl Männer wie Frauen, deren Aufgabe die eucharistische Anbetung ist; sie müssen aber vom Ortsordinarius dazu bestellt sein. Alle Genannten können die Aussetzung in der Weise vornehmen, daß sie den Tabernakel öffnen oder gegebenenfalls die Pyxis (das Ziborium) auf den Altar stellen oder die Hostie in die Monstranz einfügen. Zum Schluß der Anbetung stellen sie das heilige Sakrament in den Tabernakel zurück. Es ist ihnen aber nicht erlaubt, den Segen mit dem Allerheiligsten zu erteilen."[5]

Orientierung und Richtlinien für die Austeilung der heiligen Kommunion durch Laien

Vorbemerkung:

Auf Grund der „Instruktion der Kongregation für die Sakramente und den Gottesdienst über die Erleichterung des Kommunionempfangs bei bestimmten Anlässen"[6] wurden für die Kommunionhelfer in der Diözese Würzburg nach Besprechung auf der Dekanekonferenz im Juni 1976 folgende Richtlinien von der Hauptabteilung Seelsorge im Bischöflichen Ordinariat erstellt und vom Bischof gutgeheißen:

1. Allgemeine Richtlinien

1.1 Beauftragung durch den Bischof

Die Beauftragung von Kommunionhelfern erfolgt durch den Bischof. Die Seelsorger stellen hierzu, nach Rücksprache mit dem Pfarrgemeinderat, einen schriftlichen Antrag an das Bischöfliche Ordinariat. Dieser Antrag soll folgende Angaben enthalten: Name, Vorname, Anschrift, Geburtsdatum, Familienstand und Beruf des Kommunionhelfers. Die Beauftragung wird auf fünf Jahre erteilt. Änderungen in Anschrift und Familienstand des Kommunionhelfers und eine eventuelle Beendigung des Dienstes sind dem Bischöflichen Ordinariat mitzuteilen. Für das Alter gilt das Richtmaß der Deutschen Bischofskonferenz, nämlich 25 Jahre; Sonderfälle bedürfen eingehender Begründung.

1.2 Einführung

Die Beauftragung durch einen Vertreter des Bischofs geschieht im Rahmen eines Einführungstages, der für alle Laienkommunionhelfer verpflichtend ist. Es werden in der Diözese terminlich und regional entsprechend viele Einführungstage angeboten und rechtzeitig ausgeschrieben. Sollte die Teilnahme an einem bestimmten Tag nicht möglich sein, kann aus Dringlichkeitsgründen eine vorläufige Beauftragung erbeten und gewährt werden unter der Bedingung, daß der Betreffende am nächsten Einführungstag teilnimmt. Die Urkunden werden nur bei den Einführungstagen überreicht. Der Seelsorger teilt die Beauftragung der Gemeinde mit und stellt die Kommunionhelfer bei ihrem ersten Einsatz vor.

Bei einer gegebenen Notwendigkeit sehen die Römischen Richtlinien eine gesonderte Beauftragung vor, die für diesen Einzelfall vom Pfarrer gegeben werden kann. Dies wird der Gemeinde vor dem Gottesdienst erklärt.

1.3 Fortbildung

Die Kommunionhelfer und auch andere Gottesdiensthelfer (Mesner, Lektoren) brauchen zur rechten Erfüllung ihres Auftrages eine theologische und spirituelle Vertiefung. Von seiten der Diözese werden nach einem vorgesehenen Plan Fortbildungstage in der Weise der Einführungstage gehalten. Die Seelsorger sollen zu gegebener Zeit ihre Gottesdiensthelfer für die Teilnahme an diesen Angeboten gewinnen. Die Teilnahme an solchen Fortbildungstagen wird bei der Verlängerung der Beauftragung zu beachten sein.

2. Einzelfragen

2.1 Ehrfurcht vor dem Geheimnis der eucharistischen Gegenwart des Herrn

In den Richtlinien der Sakramentenkongregation befindet sich ein bei der Handkommunion". Es wird darin betont, daß der heiligen Abschnitt: ,,Frömmigkeit und Ehrfurcht vor dem eucharistischen Brot Eucharistie größte Ehrfurcht und höchste Sorgfalt erwiesen werden soll. Dieser Abschnitt sollte von jedem Laienkommunionhelfer in besonderer Weise beachtet und auch vom Priester von Zeit zu Zeit bei der Verkündigung für alle Gläubigen mit eingebracht werden.

2.2 Spendung der heiligen Kommunion im Gottesdienst

Der Laienkommunionhelfer hilft bei der Eucharistiefeier dem Priester bei der Austeilung der heiligen Kommunion. Bei Wortgottesdiensten mit Kommunionspendung kann er diesen Dienst allein versehen.

Die deutschen Bischöfe haben auf Grund der päpstlichen Erlaubnis die Handkommunion genehmigt. Es steht jedem Kommunizierenden die Freiheit zu, welche Form er wählen will. Deshalb hat kein Spender das Recht, die Handkommunion zu verweigern. Über die rechte Weise sind die Gläubigen zu belehren und bei Anlaß wieder daran zu erinnern.

Mit dem Anruf ,,Der Leib Christi" ist die Hostie zu erheben; die Antwort ,,Amen" darauf ist als ein Bekenntnis von seiten des Empfängers zu verstehen. Deshalb ist erst nach dem ,,Amen" die Hostie dem Empfänger zu reichen. Die Spendung möge ohne Eile geschehen.

2.3 Krankenkommunion

Die Krankenkommunion kann von Kommunionhelfern überbracht werden. Grundsätzlich sollte aber der Priester monatlich wenigstens einmal selbst die Krankenkommunion bringen, während sie beim Wunsch nach öfterem Empfang von Kommunionhelfern – insbesondere von Ordensschwestern, Gemeindeassistentinnen, Frauen – gereicht werden kann. Durch das Überbringen der heiligen Kommunion zu den Kranken am Sonntag werden diese in besonderer Weise in den Gemeindegottesdienst und damit in das Bewußtsein der Gemeinde miteinbezogen. Hier haben die Kommunionhelfer einen wichtigen Auftrag. Es ist darauf zu achten, daß ein würdiges Gefäß für die Überbringung zur Verfügung steht.

2.4 Umgang mit den liturgischen Gefäßen

Der Kommunionhelfer kann das Ziborium aus dem Tabernakel nehmen und auch wieder zurückbringen. Werden Hostien von einem Gefäß in ein anderes gegeben, muß dies in würdiger Weise geschehen. Jedes unruhige „Hantieren" vor der Gemeinde ist zu vermeiden ...

2.5 Aussetzung

Die Aussetzung des Allerheiligsten in der Monstranz wird nur vom Priester und Diakon vorgenommen. Durch Laien geschieht sie durch das Herausstellen des Ziboriums. Der sakramentale Segen darf auf keinen Fall durch Laien erteilt werden ...

2.7 Kleidung

Die Richtlinien der Sakramentenkongregation schreiben vor: „Der Kommunionhelfer trägt bei der Ausübung seines Dienstes entweder die ortsübliche liturgische oder eine der Bedeutung seines Dienstes angemessene Kleidung."

2.8 Der Kommunionhelfer beim Gottesdienst

In einer Gemeinde sollten nach der Zahl der Gottesdienste entsprechend viele Kommunionhelfer beauftragt sein, so daß der Kommunionhelfer auch den Gottesdienst mitfeiert, in dem er bei der Kommunionspendung hilft.
Tragen die Helfer ein liturgisches Gewand, dann ist der Chorraum der richtige Platz. Ansonsten sollte der Kommunionhelfer in der Regel aus der Gemeinde heraustreten und zur Austeilung der heiligen Kommunion in den Chorraum gehen ...

---

[1] Spendung der heiligen Kommunion durch Laien: Kirchliches Amtsblatt für die Diözese Osnabrück 84 (1968) Art. 49, S. 48 f.
[2] Kommunionspendung durch Laien: Kirchliches Amtsblatt für die Diözese Osnabrück 86 (1970) Art. 137, S. 95 f.
[3] Die Beauftragung von Lektoren, Akolythen und Kommunionhelfern ..., hrsg. im Auftrag der Bischofskonferenzen Deutschlands, Österreichs und der Schweiz und der Bischöfe von Bozen-Brixen und Luxemburg, Einsiedeln und Köln, Freiburg und Basel, Regensburg, Wien, Salzburg, Linz 1974, S. 51 f.
[4] Kommunionspendung und Eucharistieverehrung außerhalb der Messe. Studienausgabe. Pastoralliturgische Reihe in Verbindung mit der Zeitschrift „Gottesdienst", hrsg. von den Liturgischen Instituten Salzburg–Trier–Zürich, Einsiedeln und Zürich, Freiburg und Wien 1976.
[5] Ebd., S. 55.
[6] Es handelt sich um eine Instruktion der Sakramentenkongregation (d. Red.).

Schriftstellenverzeichnis

Quellenverzeichnis

S. 41–136   Teilweise Übernahme aus M. Probst u.a., Kommunionfeier mit Kranken (Verlag Hans Driewer, Essen [2]1972).

S. 17–36   Kommunionspendung und Eucharistieverehrung außerhalb der Messe. Studienausgabe, Herausgegeben von den Liturgischen Instituten Salzburg, Trier, Zürich (Verlag Benziger, Einsiedeln/Zürich, Verlag Herder, Freiburg/Wien 1976).

S. 42, 139, 148, 151, 153, 154, 159, 160, 162, 163   K. Richter u.a., Liturgie mit Kranken (Verlag Hans Driewer, Essen 1973).

S. 68   W. M. Müller-Welser, In deiner Hand (Verlag Herder, Freiburg [4]1971).

S. 101, 104, 165f.   J. Gülden, Lehre uns beten (Verlag Herder, Freiburg [5]1952).

S. 164f.   Die Feier der Krankensakramente, Volksausgabe, Herausgegeben von den Liturgischen Instituten, Salzburg, Trier, Zürich (Verlag Benziger, Einsiedeln/Zürich; Verlag Herder, Freiburg/Wien [4]1976).

S. 166   O. Pies, Im Herrn (Verlag Herder, Freiburg [9]1962).

S. 168   Neues Stundenbuch, Band I, Herausgegeben von den Liturgischen Instituten Salzburg, Trier, Zürich (Verlag Benziger, Einsiedeln/Zürich; Verlag Herder, Freiburg/Wien [19]1976).

S. 169   H. Oosterhuis, Weiter sehen als wir sind (Verlag Herder, Wien 1973).

Für die Auszüge aus „Die Feier der Krankensakramente", authentische Ausgabe, sowie aus „Die Feier der heiligen Messe, Meßbuch und Lektionar" erteilen die „Ständige Kommission für die Herausgabe der gemeinsamen liturgischen Bücher im deutschen Sprachgebiet" und, soweit es sich um Perikopen aus der „Einheitsübersetzung der Heiligen Schrift" handelt, die Katholische Bibelanstalt Stuttgart die Abdruckerlaubnis. Alle Rechte an diesen Texten werden wahrgenommen durch die Geschäftsstelle der Ständigen Kommission, Jesuitenstr. 13c, 5500 Trier.